Gary Chapman
mit Randy Southern

Die 5 Sprachen der Liebe für Männer

Francke

Über die Autoren:

Dr. Gary Chapman ist ein amerikanischer Paar- und Beziehungsberater und Autor zahlreicher Bücher. Mit seinem paartherapeutischen Konzept der „Sprachen der Liebe“ hat er einen neuen Schlüssel zur Kommunikation gefunden. Sein gleichnamiges Buch wurde in 49 Sprachen übersetzt und hat ein Millionenpublikum erreicht.

Randy Southern war Lektor und Produktmanager in einem Verlag, bevor er sich ganz dem Schreiben widmete. Er lebt mit seiner Familie in Indiana.

Den vielen Hundert Männern gewidmet,
die mir erzählt haben, dass sie kämpfen mussten,
um eine erfolgreiche Ehe aufzubauen.

MIX
Papier aus verantwortungsvollen Quellen
FSC® C014138
FSC www.fsc.org

Bibliografische Information der Deutschen Nationalbibliothek
Die Deutsche Nationalbibliothek verzeichnet diese Publikation
in der Deutschen Nationalbibliografie;
detaillierte bibliografische Daten sind im Internet
über http://dnb.dnb.de abrufbar.

3. Auflage 2023
ISBN 978-3-86827-532-2

Originaltitel: Five Love Languages for Men

Published by Northfield Publishing, Chicago, USA

Deutsch von Jokim Schnöbbe, Ingo Rothkirch
Umschlagbild: © iStockphoto.com / jacoblund
Gesamtherstellung: Francke-Buch GmbH
Printed in Czech Republic

www.francke-buch.de

Inhalt

Vorwort

Was gibt es Neues in Die 5 Sprachen der Liebe für Männer?

Zur Auflockerung haben wir einige neue witzige Geschichten hinzugefügt, die Ihnen Einblick in Ihre eigene Ehe geben werden. Außerdem veranschaulichen originelle Illustrationen des talentierten Nathan Little die Lebenshürden, die Dr. Chapman untersucht. Darüber hinaus nimmt diese erweiterte Ausgabe von *Die 5 Sprachen der Liebe für Männer* auch zwei neue Themen in Angriff. Themen, die unbedingt berücksichtigt werden müssen, möchte man die Sprachen der Liebe fließend beherrschen: Wie gehe ich mit Wut um? Wie kann ich mich entschuldigen?

Es ist nicht unbedingt leicht, eine neue Liebessprache zu erlernen. Ausprobieren ist oft die einzige Strategie, die uns zur Verfügung steht, was mitunter frustrierend sein kann. Und wenn man dann noch bedenkt, dass wir uns verletzlich machen, wenn wir uns aus unseren gewohnten Verhaltensweisen herauswagen, dann haben wir schnell alle Voraussetzungen für eine leicht entflammbare Situation beisammen. Wenn unser Bemühen, eine Liebessprache zu sprechen, zu kurz greift oder wenig Eindruck bei unserem Ehepartner hinterlässt, kann schon mal Wut aufkommen.

Und das ist auch völlig in Ordnung.

Wut an sich ist keine Sünde. Sie ist eine natürliche Reaktion. Wie wir dann jedoch mit dieser Wut umgehen, macht einen himmelweiten Unterschied. Wenn es uns gelingt zu lernen, wie wir unsere Wut auf gesunde Weise verarbeiten können, so wird das in unserer Beziehung ganz viel ausmachen.

Genauso trägt die Kunst des Entschuldigens in einem hohen Maße zu einer gesunden Ehe (und gesunden anderen Beziehungen) bei, und zwar auf Jahre hin.

Meistert man sie richtig, löst eine Entschuldigung Spannungen und Konflikte und beruhigt verletzte Gefühle, die vielleicht schon seit Monaten oder sogar Jahren eine wunde Stelle bei Ihrer Partnerin bewirkt haben. Eine Entschuldigung kann das Bild ändern, das Ihre Partnerin von Ihnen hat, den Blick, mit dem sie Sie wahrnimmt. Eine Entschuldigung kann Barrieren schneller einreißen als alles andere, was Sie sagen oder tun können.

Mit diesen beiden neuen Werkzeugen im Arbeitskasten Ihrer Liebesprachen werden Sie besser denn je ausgestattet sein, Positives im Leben Ihrer Frau zu bewirken.

Randy Southern

1

WIE VIELE SPRACHEN SPRECHEN SIE?

Zum zehnten Hochzeitstag wollte ein Mann seine Frau, die sich selbst als „Nerd“, als Sonderling, beschrieb, mit einer nachgespielten Hochzeitszeremonie überraschen – und zwar thematisch ganz auf ihre Interessen abgestimmt. *Eineinhalb Jahre* lang plante er das Ereignis, das die Begeisterung seiner Frau für Science-Fiction- und Fantasy-Filme widerspiegeln sollte. Die Trauzeugen trugen Superhelden-Logos unter ihren Smokings. Jede Schicht des Hochzeitskuchens war einem der Lieblingsfilme oder besonders viel gesehenen Fernsehsendungen des Paars gewidmet – *Superman*, *Krieg der Sterne*, *Firefly* und *Dr. Who* – und entsprechend dekoriert. Der Ringträger, der vierjährige Sohn des Paars, hatte einen Superman-Umhang an. Irgendwie schaffte der Mann es, die ganze Sache vor seiner Frau geheim zu halten, obwohl alle Freunde und Verwandten beteiligt waren.

Dann gab es da den Mann, der anlässlich des erstens Jahrestags der Beziehung mit seiner Freundin die Geschichte, wie sie sich verliebt hatten, auf einen Haufen Flyer druckte und in ganz New York anbrachte. Er bat Menschen, Fotos von den Flyern zu machen und sie bei Instagram oder Twitter in Verbindung mit einem bestimmten Hashtag zu posten. Innerhalb weniger Stunden verbreitete sich die Aktion wie ein Lauffeuer im Internet. Das Paar erhielt mehr als tausend Fotos, einschließlich einiger, die von berühmten Persönlichkeiten wie dem Journalisten Matt Lauer getweetet wurden.

Oder vielleicht haben Sie von dem Mann gehört, der anlässlich des sechsten Hochzeitstags ein Buch für seine Frau erstellte. Ein ganzes Jahr lang schrieb er 365 Dinge auf, die er an seiner Frau liebte. Dann sammelte er sie in einem Band, zusammen mit Fotos der beiden von ihren gemeinsamen Jahren.

Derartige Geschichten lösen bei anderen Ehemännern gewöhnlich eine von zwei Reaktionen aus. Entweder zollen wir diesen Kerlen unsere Anerkennung und sagen *Hut ab vor so viel Kreativität*, oder aber wir verfluchen sie insgeheim dafür, dass sie die Latte viel zu hoch stecken und uns andere wie einfallslose Dummköpfe dastehen lassen.

Doch jetzt kommt's: **Solange diese Männer ihre Aktionen nicht auf die „Muttersprache der Liebe" ihrer Frau ausgerichtet haben, hätten sie genauso gut eine billige Grußkarte oder einen Schnellimbiss beim Chinesen schenken können.**

Es kommt nicht darauf an, was man sagt, sondern in welcher Sprache es gesagt wird

Das soll nun keine Werbung für chinesisches Essen sein oder eine Kritik an Männern, die sich viel Mühe machen, um ihre Frauen zu beeindrucken. Vielmehr will ich mit dem Gesagten betonen, wie wichtig es ist, die Sprachen der Liebe zu verstehen.

Jeder hat eine „Muttersprache" der Liebe – eine Art, Hingabe und Zuneigung auszudrücken, die uns tief berührt, uns gelegentlich unwillkürlich zum Grinsen bringt und keinen Zweifel in uns aufkommen lässt, dass wir wahrhaftig und auf beeindruckende Weise geliebt werden.

Wie Sie vermutlich schon durch den Buchtitel erraten haben, gibt es fünf Grundsprachen der Liebe:

1. Lob und Anerkennung (Kapitel 2)
2. Zweisamkeit (Kapitel 3)

3. Geschenke (Kapitel 4)
4. Hilfsbereitschaft (Kapitel 5)
5. Zärtlichkeit (Kapitel 6)

Eine davon ist die Schnellstraße zum Herzen Ihrer Frau. Das soll nicht heißen, dass sie nicht positiv auf eine oder mehrere der anderen Sprachen reagieren wird, besonders wenn sie sieht, dass Sie sich wirklich Mühe geben. Letzten Endes sind ihr diese vier anderen Liebessprachen jedoch genauso fremd wie Kantonesisch den meisten Menschen im Westen.

Wenn Sie Ihre Liebe für Ihre Frau hingegen in ihrer Muttersprache ausdrücken, ist es, als ob sie eine verborgene Tür zum Herzen Ihrer Frau öffnen würden – die Ergebnisse sind beeindruckend.

Eine logikfreie Zone

Eigentlich würde man ja meinen, dass Männer sich von Frauen angezogen fühlen, die ihre Muttersprache der Liebe sprechen – dass sich Zweisamkeits-Menschen zu Zweisamkeits-Menschen gesellen und Zärtlichkeits-Menschen nur Augen für andere Zärtlichkeits-Menschen haben. Und dass sie aufgrund ihrer gemeinsamen Liebessprache ihre Zuneigung leicht und frei kommunizieren können ... *und sie lebten glücklich bis an ihr Ende.* Doch seit wann hat Logik bitteschön etwas mit der Liebe zu tun?

In Wirklichkeit heiraten Menschen selten Partner mit derselben Muttersprache der Liebe. Stattdessen verlieben sich Männer, die durch Lob und Anerkennung seelisch auftanken, in Frauen, die durch Hilfsbereitschaft seelisch auftanken (oder durch Zweisamkeit oder Geschenke). Frauen, die Liebe in erster Linie durch Geschenke erleben, fühlen sich zu Männern hingezogen, die Liebe durch Zweisamkeit erleben (oder durch Zärtlichkeit oder Hilfsbereitschaft).

Und schon entsteht eine Sprachbarriere.

In den ersten Phasen der Beziehung, wenn das Paar noch liebestrunken ist, fällt ihnen die Sprachbarriere vielleicht nicht auf. Sie mögen so begierig sein, dem anderen zu gefallen, dass sie

Dinge tun, die eigentlich untypisch für sie sind. Das heißt, sie sprechen eine Liebessprache, die sie eigentlich gar nicht verstehen. Sie plaudern die ganze Nacht hindurch über Hoffnungen und Träume. Sie machen lange Spaziergänge, halten Händchen und legen beim Gehen den Arm um den anderen. Sie tauschen kleine, aber bedeutungsvolle Geschenke aus.

Mögliche Bedenken über ihre Unterschiede werden vom Tsunami der Romanze und Begeisterung fortgeschwemmt. Schließlich heiraten zwei Menschen, die auf zwei verschiedene Muttersprachen der Liebe ansprechen.

Selbst Ehepaare, die eine gemeinsame Muttersprache der Liebe sprechen, merken bald, dass jede Sprache unzählige „Dialekte" hat. Keine zwei Menschen sprechen die gleiche Sprache in genau demselben Dialekt. Keine zwei Menschen geben und empfangen Liebe auf genau gleiche Weise.

Sollte das nach einem Misserfolgsrezept klingen, dann bedenken Sie Folgendes: In vielen der erfolgreichsten professionellen Fußballvereine werden mindestens drei (und vermutlich mehr) verschiedene Sprachen gesprochen. Die Spieler in diesen Mannschaften *finden* Mittel, sich miteinander zu verständigen. Menschen, die eine hohe Leistung erbringen wollen und sich dem Erfolg verschrieben haben, lassen sich von einer Sprachbarriere nicht aufhalten.

Wenn die Flitterwochen vorbei sind

Hindernisse gibt es jedoch allemal. Wenn das aufregend Neue am anderen mit der Zeit vertrauter wird und die Leidenschaft aus den Wolken der Flitterwochen in die Niederungen des Alltags hinabsinkt, verfällt das zweisprachige Paar der gewöhnlichen Routine. Beide kehren zu dem zurück, was ihnen im Blut liegt.

Der Hilfsbereitschaft-sprechende Ehemann macht sich daran, seiner Frau seine Liebe in seiner „Muttersprache" zu erweisen. Er sorgt dafür, dass ihr Auto immer repariert und sauber ist. Er ersetzt die Dichtungsringe an den undichten Wasserhähnen. Er streicht das Schlafzimmer neu und verziert den Raum mit

Bordüren, die ihr beim Anschauen einer Heimwerker-Sendung so gefallen hatten.

Obwohl seine Zweisamkeit-sprechende Frau es durchaus zu schätzen weiß, was er alles für sie tut, sehnt sie sich doch nach den langen Gesprächen, die sie vor ihrer Ehe oft miteinander hatten – die konzentrierte Zeit und Aufmerksamkeit, die ihre Seele nährt. Sie wünscht sich sehnlichst, dass ihr Mann zu ihr in *ihrer* Muttersprache der Liebe spricht. Folglich wird ihr „Liebestank" – ihr emotionaler Speicher, der ihr Liebe, Wertschätzung und Vertrautheit vermittelt – immer leerer.

Wie das Szenario von diesem Punkt aus weiter verläuft, hängt vom Ehepaar ab. Einige schreiben es dem natürlichen Gang der Liebe zu und finden sich mit dem ab, was von der Romanze noch übrig bleibt. Einige geben dem Trieb und Druck des Alltags die Schuld. Einige lassen ihren Frust und ihre ungestillten Bedürfnisse an sich nagen, wodurch Konflikte und Vorwürfe aufkommen. Einige leiden im Stillen, wobei jeder der beiden Partner denkt, dass mit ihm oder ihr wohl etwas nicht stimmt. Einige kommen schließlich zu der Überzeugung, dass es ein Fehler war, überhaupt zu heiraten.

Es lässt sich nicht absehen, was bei einzelnen Paaren genau passieren wird, wenn der Liebestank erst einmal leer ist.

Wo es Herausforderungen gibt, da gibt es auch Gelegenheiten

Jemand hat einmal gesagt: Es ist Wahnsinn, immer wieder das Gleiche zu tun, aber dennoch jedes Mal andere Resultate zu erwarten. Wenn das stimmt, dann ist die Art, wie viele Ehepartner ihre Sprachbarrieren angehen, schier verrückt. Sie verstärken ihre eigene Liebessprache und versuchen immer und immer wieder, zu ihrem Partner auf die einzige Weise durchzudringen, die sie kennen. Anders gesagt: Sie arbeiten härter statt klüger. Sie legen ihrem Partner die Last auf, das, was sie tun, in eine Sprache zu übersetzen, die er verstehen kann.

Gute Vorsätze allein reichen nicht.

Es spielt dabei keine Rolle, dass Ihr Herz am rechten Fleck ist, oder dass Sie sich doch so viel Mühe geben, oder dass sich andere Frauen glücklich schätzen würden, so einen Mann wie Sie zu haben. Sie werden den Liebestank Ihrer Frau nicht füllen, ohne *ihre* Muttersprache der Liebe zum Einsatz zu bringen.

Eine
blühende
aufregende
spannende
inspirierende
lebensverändernde

Beziehung mit Ihrer Frau können Sie nur aufbauen, indem Sie ihre Muttersprache der Liebe meistern und die Herausforderung annehmen, zweisprachig zu werden – und keine Sorge, Sie müssen dafür nicht Verben konjugieren oder die richtige Zeitform erlernen.

Die Herausforderung, eine andere Liebessprache zu erlernen, kann man eher damit vergleichen, seinen Golfschwung zu perfektionieren. Falls Sie schon mal Unterricht von einem Profi bekommen haben, dann wissen Sie, dass man erst einmal all die schlechten Gewohnheiten „verlernen“ muss, die man über die Jahre entwickelt hat. In vielen Fällen bedeutet das, noch einmal ganz von vorn zu beginnen. Zunächst kommt man sich dabei ziemlich unbeholfen vor. Es fühlt sich einfach nicht richtig an. Es scheint so unnatürlich. Nach und nach gewöhnt man sich jedoch an die neue Schwungtechnik. Wendet man sie wieder und wieder an, sieht man bald die positiven Resultate.

DIE ERFOLGSAUSRÜSTUNG

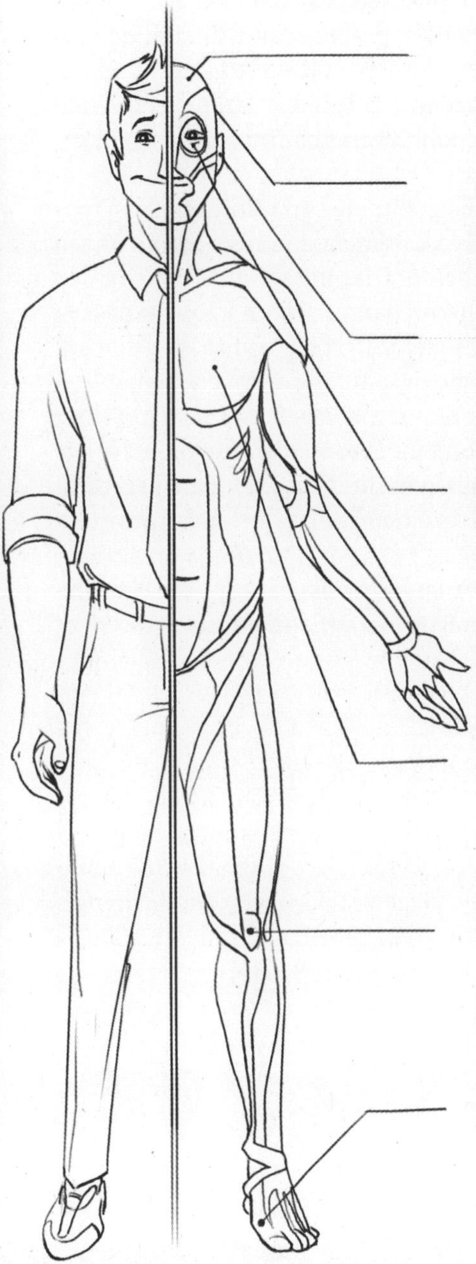

Kurzzeitgedächtnis
Nicht alles, was man ausprobiert, funktioniert. Denken Sie daran: Das Versagen von gestern gehört der Vergangenheit an. Heute ist ein neuer Tag.

Kreativität
Keine Idee ist zu verrückt oder unkonventionell, solange sie Ihrer Frau das Gefühl gibt, wirklich geliebt zu sein. Querdenken ist sehr zu empfehlen.

Auf guten Rat hören
Scheuen Sie sich nicht, sich Ideen bei anderen zu holen, deren Beziehungen Sie bewundern. Fragen Sie Ihre Vorbilder aus, um ihre Geheimnisse zu lüften. Schauen Sie, ob etwas dabei ist, was auch bei Ihnen und Ihrer Frau funktionieren könnte.

Sehvermögen
Die Fähigkeit, neue Gelegenheiten zu entdecken, wie Sie Ihrer Frau Liebe erweisen können – und zu erkennen, ob alte Strategien noch funktionieren –, ist ein Schlüssel, um zweisprachig zu werden.

Ausdauer
Eine neue Sprache der Liebe zu meistern, ist ein Marathon, kein Sprint. Auf so einer langen Strecke wird man schon mal schlapp, entmutigt und frustriert. Durchhalten! Und wenn Sie meinen, die Sprache inzwischen gemeistert zu haben – bleiben Sie ein Lernender. Probieren Sie weiterhin Neues aus. Suchen Sie nach neuen Wegen, wie Sie Ihrer Frau Ihre Liebe zeigen können.

Gebet
Vielleicht sind Sie kein religiöser Mensch, aber wenn es um die Beziehung zu Ihrer Frau geht, brauchen Sie jede Hilfe, die Sie bekommen können. Scheuen Sie sich nicht, Gott um Weisheit zu bitten, wie Sie das Liebesbedürfnis Ihrer Frau am besten stillen können.

Ein fester Stand
Nichts ist wichtiger als Ihre Beziehung zu Ihrer Frau. Diese Beziehung zu wahren und zu vervollkommnen, ist Aufgabe Nummer eins. Wenn Sie das zu Ihrer Priorität machen, werden Sie schließlich auch Erfolge erzielen.

Dasselbe gilt, wenn man eine neue Sprache der Liebe lernt. Falls Sie ein Hilfsbereitschafts-Typ sind, dann fühlen Sie sich nicht unbedingt wohl dabei, Ihrer Frau Zweisamkeit zu schenken. Zumindest zunächst nicht. Bei Ihren anfänglichen Versuchen wird es Ihnen höchstwahrscheinlich unnatürlich und gezwungen vorkommen.

Doch mit der richtigen Einstellung – und mithilfe der Tipps und Strategien, die Sie auf den kommenden Seiten lesen können – *werden* Sie eine Zweit-Liebessprache meistern. Sie *werden* den Liebestank Ihrer Frau füllen und darauf achten können, dass er voll bleibt. Sie *werden* ihr das Gefühl geben, wahrhaftig und auf beeindruckende Weise geliebt zu sein. Sie *werden* erleben, wie es ist, in Bestform zu sein, nicht nur als liebender Ehemann Ihrer Frau, sondern auch als Vorbild für Ihre Kinder, für andere junge Menschen, die dieses Verhalten in ihren eigenen Familien nicht vorgelebt bekommen, und für Ehemänner, die nach Antworten suchen.

Wer in den Sprachen der Liebe zweisprachig wird, übt dadurch auch einen positiven Einfluss auf andere aus.

2

„LOB UND ANERKENNUNG" FLIESSEND SPRECHEN LERNEN

(SPRACHE DER LIEBE NR. 1)

Salomo, Autor der alten hebräischen Weisheitsliteratur, schrieb: „Tod und Leben stehen in der Zunge Gewalt."

Man ist versucht einzuwenden, dass Salomo etwas dick auftrug, als er diese Redewendung prägte. Doch falls Sie schon mal eine außergewöhnlich positive Arbeitsbeurteilung von Ihrem Chef erhalten haben, dann wissen Sie, welche Kraft die Zunge hat, um Ihr Leben beschwingt erscheinen zu lassen. Anders herum: Falls Sie schon mal vom Trainer am Spielfeldrand ordentlich zusammengestaucht worden sind, dann wissen Sie, wie es ist, vor einem Heimpublikum tausend Tode zu sterben.

Worte haben es in sich.

Wenn Filme uns etwas gelehrt haben, dann das, **dass die richtigen Worte, im richtigen Moment zum richtigen Menschen gesprochen, Leute dazu inspirieren können, Ungewöhnliches, Unwahrscheinliches und, in einigen Fällen, nahezu Unmögliches zu vollbringen.**

Denken Sie nur an *Rocky II*, wo Adrian von ihrem Krankenhausbett aus zu Rocky sagt: „Es gibt da etwas, was du für mich tun kannst. Gewinne! Besieg ihn!!!"

Oder denken Sie an *Touchdown – Sein Ziel ist der Sieg*, wo der Platzwart Fortune den frustrierten jungen Footballspieler Rudy mit folgenden Worten dazu motiviert, im Team zu bleiben und schließlich erfolgreich zu sein: „Du bist viel zu klein und zu leicht für diesen Sport. Und in dir steckt kaum ein Funken athletischen Könnens. Zwei Jahre lang hast du dich mit dem besten College-Footballteam im Land herumgetrieben! ... In diesem Leben musst du niemandem etwas beweisen – außer dir selbst!"

Oder denken Sie an *Freiwurf*, wo die kurze Motivationsrede von Trainer Norman Dale dazu beiträgt, das Highschool-Basketballteam eines amerikanischen Provinznests zum Erfolg zu führen: „Vergesst die Zuschauer, die Größe der Schule, die tollen Uniformen. Denkt stattdessen daran, was euch bis hierher gebracht hat ... Wenn ihr eure Mühe und Konzentration darauf ausrichtet, euer Können voll auszuspielen, das Beste aus euch herauszuholen – dann ist es mir egal, was am Spielende auf der Anzeigetafel steht. In meinen Augen haben wir dann gewonnen!"

Es ist dieses Potenzial für das Gute – die Kraft von Worten, zu inspirieren, zu ermutigen und zu erbauen –, das die Sprache „Lob und Anerkennung" zu einem so unerlässlichen Werkzeug auf der Werkbank Ihrer Ehe macht.

Ein gutes Wort einlegen

Mark Twain hat einmal gesagt: „Ich kann zwei Monate von einem netten Kompliment leben." Das klingt nach einem Typ, dessen Liebessprache Lob und Anerkennung ist. Sein Geständnis trifft den Kern dieser Liebessprache. Für jemanden, der Liebe in erster Linie durch Lob und Anerkennung erlebt, sind Komplimente und ermutigende Worte nicht bloß nette Gesten oder höfliche Konversation. Sie sind Seelenfutter.

So hört eine Frau, deren Liebessprache Lob und Anerkennung ist, nicht einfach:

„Gut gemacht!"

„Du siehst in dem Kleid super aus!"

„Du bist eine tolle Frau!"
Sie hört dadurch auch:
„Du bist wertvoll."
„Ich liebe dich."
„Gut, dass es dich gibt."

Die eigentliche Macht von Worten liegt in ihrer Fähigkeit, den Liebestank von Menschen zu füllen. Wenn die Muttersprache Ihrer Frau Lob und Anerkennung ist, dann haben Sie diese Macht immer zur Verfügung – Sie liegt Ihnen sozusagen auf der Zunge.

Wie Ihnen zumute ist, wenn Sie diese Macht (im positiven Sinn) auch wirklich ausüben, hängt davon ab, was Ihre eigene Muttersprache der Liebe ist. Wenn Sie eher der „starke, stille" Typ sind, der am liebsten seine Taten für sich sprechen lässt, dann kann es eine echte Herausforderung sein, Anerkennung für Ihre Frau auch zu *kommunizieren*. Andererseits – wären Sie ein Mann, der sich von einer Herausforderung einschüchtern lässt, besonders, wenn es um die Liebe Ihres Lebens geht, dann würden Sie vermutlich nicht dieses Buch lesen.

Sie können Lob und Anerkennung fließend sprechen lernen. Hier sind einige Tipps, damit Sie durchstarten können.

Schmeichelei bringt nichts

Das Wichtigste zuerst: Schmeichelei ist *kein* Dialekt der Liebessprache des Lobes und der Anerkennung. Dem ungeschulten Ohr mögen sie vielleicht ähnlich erscheinen, doch da gibt es deutliche – und wichtige – Unterschiede. Je schneller Sie diese Unterschiede erkennen, desto weniger Anfängerfehler werden Sie vermutlich beim Erlernen von Lob und Anerkennung machen.

Lob und Anerkennung ≠ Schmeichelei

Schmeichelei ist die Sprache der Manipulation. Schmeichelei hat verborgene Absichten. Ihr letztendliches Ziel ist es, etwas von der Person zu bekommen, der man schmeichelt – oder den Schmeichler selbst in ein positives Licht zu rücken.

Schmeichelei ist das Mittel eines Salonlöwen („Hey, Puppe, du siehst ja atemberaubend aus. Willst du tanzen?") oder eines Schleimers („Du siehst aber fit aus. Machst du Sport?"). Je mehr Schmeichelei Ihre Frau ausgesetzt worden ist, umso schneller wird sie sie erkennen – und abweisen. Schmeichelei mangelt es an dem Wesentlichen eines bedeutungsvollen Lobs: Aufrichtigkeit. **Wenn Ihre Worte bei Ihrer Frau etwas bewirken sollen, dann müssen Sie selbst glauben, was Sie sagen.**

Im Gegensatz zu billiger Schmeichelei entspringen Lob und Anerkennung einer tieferen Quelle. Sie entspringen einer engen Vertrautheit mit der Person, die man lobt – in diesem Fall Ihre Frau. Im Gegensatz zu Schmeichelei wecken Lob und Anerkennung keinen unguten Verdacht oder bringen Menschen dazu, sich in Acht zu nehmen. Lob und Anerkennung erzeugen keine defensive Haltung und werden auch nicht mit einem Augenrollen abgetan.

Spaß beiseite

Männer, denen das verbale Ermutigen besonders schwerfällt, mögen versucht sein, auf Humor zurückzugreifen, um die Anspannung zu lösen.

Widerstehen Sie dieser Versuchung.

Was Ihre Anspannung lockert, kann hingegen bei der Person, die Sie eigentlich ermutigen wollen, Schmerz auslösen. Das Problem ist: Viele Menschen, die durch Lob und Anerkennung besonders beflügelt werden, sind auch besonders anfällig, durch sarkastische oder unbedachte Bemerkungen, Beleidigungen und indirekte Kritik verletzt zu werden. Hier sind einige Beispiele:

- „Ich habe schon *Schlimmeres* gegessen."
- „Na ja, immerhin hast du es ja versucht."
- „Nicht schlecht – für eine 35-Jährige."

Solche rücksichtslosen, zweifelhaften „Komplimente" können mehr Schaden anrichten, als Sie sich vielleicht vorstellen, und mehr Schmerz erzeugen, als Ihre Frau zu erkennen geben mag.

„Ich habe doch nur Spaß gemacht" ist eine ziemlich schwache Entschuldigung dafür, dem anderen, der eigentlich nach Ermunterung dürstet, quasi mit Worten ins Gesicht geschlagen zu haben.

Alle Sinne an die Arbeit schicken

Liebe durch Lob und Anerkennung zu kommunizieren – das betrifft mehr als nur den Mund. Dazu sind z. B. auch Ihre Augen, Ihre Ohren, Ihr Gedächtnis und Ihre Vorstellungskraft nötig. Um diese Sprache der Liebe fließend sprechen zu können, müssen Sie sich mit den vielen Dingen vertraut machen – und sie wertschätzen lernen –, die Ihre Frau tut. Wertschätzung entwickeln Sie, indem Sie Ihre Frau beobachten. Stülpen Sie sich Ihre Tarnkappe über und achten Sie auf das, was Ihre Partnerin tut, was sie sagt, wie sie mit anderen Menschen umgeht, welche undankbaren Aufgaben sie übernimmt und welche Wege sie geht, um das Leben für Sie und andere besser zu machen.

Machen Sie sich eine Liste Ihrer Beobachtungen auf Ihrem Smartphone oder Tablet. Bemühen Sie sich, jeden Tag etwas zur Liste hinzuzufügen – Großes wie Kleines.

Ihre Liste könnte das Folgende enthalten:

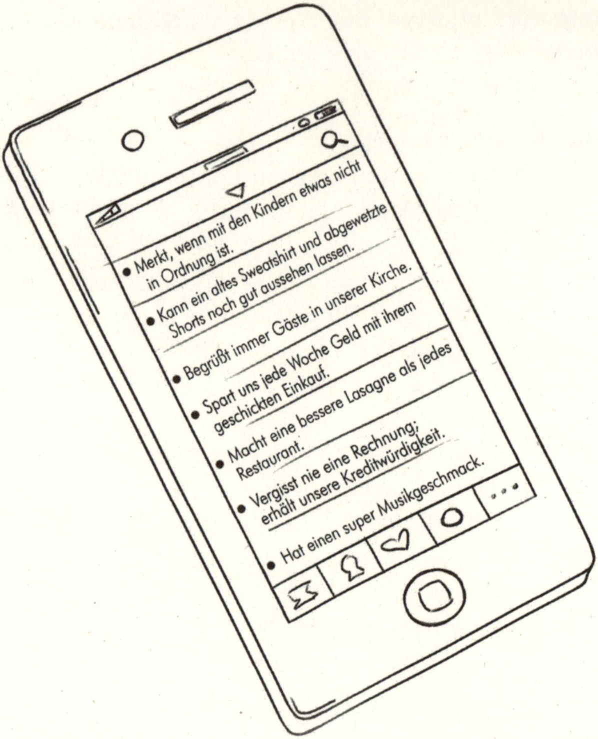

Wenn Sie eines der Komplimente, die auf Ihrer Liste stehen, Ihrer Frau gegenüber ausgesprochen haben, löschen Sie es. Das garantiert, dass Sie immer einen beständigen, frischen Nachschub an Lob und Anerkennung haben.

Was die Spatzen von den Dächern pfeifen

Was ist besser: Von einem Mannschaftskollegen nach einem Spiel abgeklatscht zu werden und zu hören: „Super gemacht!", oder in die Sporthalle zu kommen und zu sehen, wie jemand auf einen zeigt und sagt: „Hey, ist das der, der so gut spielen kann?"

In beiden Fällen wird Ihnen ein Kompliment gemacht. Doch im zweiten Fall weht ein Hauch von Ruhm zu Ihnen hinüber, der die Anerkennung noch versüßt.

Zu entdecken, dass andere positiv über einen reden, versüßt jeden Tag. Suchen Sie in diesem Sinne nach Möglichkeiten, Ihrer Frau Lob und Anerkennung über den „Flurfunk" zukommen zu lassen. Loben Sie sie anderen gegenüber, wenn sie nicht da ist. Machen Sie ihre Leistungen und Fähigkeiten bekannt. Helfen Sie anderen, zu sehen, wie unglaublich sie ist. (Alles in Maßen, natürlich. Vermeiden Sie, der Typ Mann zu werden, dem Leute aus dem Weg gehen, weil sie nicht mehr hören können, wie er ständig von seiner ach so perfekten Frau schwärmt.)

Verbergen Sie Ihre Bewunderung, Ihre Wertschätzung und Ihren Respekt für Ihre Frau nicht vor anderen Menschen.

Sie haben keine Kontrolle darüber, welches Lob seinen Weg zu Ihrer Frau finden wird und welches nicht. Aber Sie können Ihre wertschätzenden Bemerkungen Leuten gegenüber machen, die es höchstwahrscheinlich weitertragen werden: Ihre Kinder, andere Familienmitglieder, gemeinsame Freunde, die Kollegen Ihrer Frau und andere Menschen, die viel Zeit mit ihr verbringen.

In die gleiche Richtung zielt *öffentliches Lob*, kann es doch viel dazu beitragen, den Liebestank Ihrer Frau zu füllen. Suchen Sie nach Möglichkeiten, Gutes über sie zu sagen, während Sie beide mit Freunden oder Bekannten zusammen sind. Wenn Sie gemeinsam mit Arbeitskollegen essen gehen, können Sie so etwas sagen wie: „Das Tiramisu war echt gut, aber für mich geht doch nichts über den Pfirsichkuchen meiner Frau."

Eine Lektion, die Ihre Kinder nie vergessen werden

Möchten Sie Ihren Kindern ein eindrückliches und dauerhaftes Beispiel geben? Dann sagen Sie ihnen, was für eine tolle Mutter sie haben. Seien Sie konkret, aufrichtig, und großzügig mit Ihrem Lob. Lassen Sie keine Zweifel aufkommen, wie glücklich Sie sich schätzen, ihr Mann zu sein. Solche Worte können später Ihren Söhnen helfen, ihre Frauen mit ähnlichem Lob zu würdigen – und Töchter dazu anregen, Männer zu finden, die sie wertschätzend behandeln.

Ermutiger sein

Einige der größten Chancen im Leben bergen auch Risiken. Sie bergen die ganz reale Möglichkeit, abgelehnt zu werden, vor anderen beschämt dazustehen oder zu versagen. Es erfordert viel Mut, die Würfel rollen zu lassen und sich den möglichen Folgen auszusetzen. Wer sich entschließt, Chancen zu ergreifen, hat häufig keinen Mangel an Entmutigendem. Es gibt genug Menschen, die einem in die Suppe spucken und einem einreden wollen, dass das doch gar nicht geht oder man es gar nicht erst versuchen sollte. Diese Schwarzmaler können teilweise ziemlich überzeugend sein, besonders wenn niemand da ist, der ihrem Einfluss entgegenwirkt.

Das ist der perfekte Einsatzort für den ermutigenden Ehepartner.

Höchstwahrscheinlich stecken in Ihrer Frau ungeahnte Fähigkeiten. Dieses Potenzial wartet nur auf ein ermutigendes Wort von Ihnen. Vielleicht muss sie sich nur weiterbilden, um ihr Können zu entfalten. Oder sie müsste die richtigen Leute kennenlernen, die ihr den Rat geben können, welcher Schritt auf dem Weg zur vollen Entfaltung ihres Potenzials als Erstes zu tun wäre. Ihre Worte können Ihrer Partnerin Mut machen, die erste Hürde zu nehmen.

Beachten Sie bitte, dass es mir keinesfalls darum geht, dass Sie Ihre Frau unter Druck setzen, etwas zu tun, was *Ihnen* passt. Ich spreche vielmehr davon, wie man ein bereits bestehendes Interesse weckt. Ein wohlmeinender Ehemann mag versucht sein, seine Frau unter Druck zu setzen, mehr Geld zu verdienen. Der Mann sagt sich, dass er sie doch ermutigt, aber solange das nicht etwas ist, was die Frau auch selbst will, empfindet sie das eher als vernichtendes Urteil. Wenn sie wirklich den Wunsch und die Motivation hat, eine besser bezahlte Position zu erreichen, können die Worte ihres Mannes ihren Entschluss kräftigen. Wenn nicht, werden seine Worte von der Frau eher als Urteil über ihre Fähigkeiten empfunden, das Schuldgefühle weckt. Dadurch kommt nicht Liebe, sondern innere Ablehnung zum Ausdruck.

Wenn Ihre Frau allerdings verkündet: „Eigentlich würde ich gerne nebenbei einen Catering-Service betreiben“, dann haben

Sie Gelegenheit, sich ermutigend zu äußern. Sie könnten z. B. sagen: „Wenn du dir das vornimmst, kann ich dir schon voraussagen, dass es klappen wird. Das finde ich an dir so gut: Was du dir einmal in den Kopf gesetzt hast, das führst du auch zu Ende. Wenn du das wirklich willst, werde ich alles tun, um dich zu unterstützen." Diese oder ähnliche Worte machen Ihrer Frau Mut, schon mal eine Liste potenzieller Kunden aufzustellen.

Ermutigen kann nur, wer mitfühlt und die Welt mit den Augen der Partnerin sieht. Zuerst müssen wir in Erfahrung bringen, was ihr wichtig ist. Nur dann können wir ihr wirklich Mut zusprechen. Dadurch vermitteln wir ihr: „Du bist mir wichtig. Ich bin an deiner Seite. Wie kann ich helfen?" Wir versuchen deutlich zu machen, dass wir an sie glauben, dass wir ihre Fähigkeiten sehen. Und dadurch loben wir sie.

Die meisten von uns haben mehr Potenzial, als wir je entfalten können. Uns fehlt ganz einfach oft nur der Mut, den nächsten Schritt zu tun. Ein liebevoller Lebensgefährte kann hier der entscheidende Katalysator sein.

Wie man sagt, was man sagen will

„Lob und Anerkennung" fließend sprechen zu können, erfordert mehr, als nur die Kunst der Komplimente und der Ermutigung zu meistern. Es bedarf auch eines Tones und einer Haltung, die unverkennbar liebevoll sind. Wie hört sich so ein Ton an? Nun, erst einmal ist wichtig: „Die Liebe ist freundlich." (1. Kor 13,4)

Das ist keine kitschige Grußkarten-Sentimentalität. Freundlichkeit ist wesentlich für gesunde Beziehungen. **Ihrer Frau Freundliches zu sagen, erfordert, dass Ihr Ton zu Ihren Worten passt.** Das klingt simpel, ist für viele Männer aber gar nicht so einfach. Von klein auf werden wir dazu konditioniert, Worte wie Waffen einzusetzen. Sarkastische Worte gehen uns leicht von der Zunge. Wir machen höhnische Bemerkungen, um anderen einen freundlichen (oder teilweise nicht so freundlichen) kleinen Stich zu versetzen. Wenn wir beim Golf in der Abschlagzone stehen, zusammen mit einem Freund oder Konkurrenten, der den Ball gerade zwei Fairways weit verhauen hat, muss man sich schon ordentlich auf die Zunge beißen, um nicht so etwas zu sagen wie: „Das war ja ein super Schlag, Tiger!“ Wie bereits erwähnt, kann das, was für einige unter uns bloß ein freundlich gemeintes Aufziehen ist, eine ganz andere Wirkung auf Menschen haben, die Liebe hauptsächlich durch aufrichtige Kommunikation erleben. Auf eine Frau, die so empfindet, wirken also derartige Taktiken ganz und gar nicht nett.

Besonders wenn man genervt oder verärgert ist, sollte man sich um einen angemessenen Ton und eine gute Haltung bemühen. Wenn Sie z. B. in einem Ton, der vor Sarkasmus nur so trieft, knurren: „Heute Abend noch das Geschirr abwaschen? Klar, das mach ich doch gern!!“ –, dann wird das nicht als Liebesbotschaft verstanden werden, ganz gleich, wie blitzeblank nachher das Geschirr ist. Sagen Sie hingegen z. B.: „Ich war ein wenig enttäuscht, dass du mir heute Abend keine Hilfe angeboten hast“, und das in einem ehrlichen, wohlwollenden Ton, dann kann das sehr wohl ein Ausdruck von Liebe sein.

Mit Ihrem Ton und Ihrer Haltung signalisieren Sie Ihrer Frau, dass Sie von ihr verstanden werden möchten. Sie tragen dazu bei, Nähe zwischen Ihnen beiden herzustellen, indem Sie etwas von Ihren Gefühlen preisgeben. Dazu gehört es, eine Kränkung vorsichtig anzusprechen, damit Sie beide Heilung finden können. Würden Sie dieselben Worte laut und rücksichtslos aussprechen, wäre es dagegen kein Ausdruck von Liebe, sondern von Ablehnung.

Je hitziger die Situation wird, umso wichtiger ist es, dass Sie freundlich bleiben. Wenn Ihre Frau wütend und erregt ist und sich ereifert, reagieren Sie nicht genau so, sondern antworten ihr mit sanfter Stimme. Nehmen Sie das, was sie über ihre emotionale Verfassung preisgibt, ganz ruhig auf. Lassen Sie sie ausreden. So erfahren Sie etwas über ihren Ärger, ihre Gekränktheit und ihre Sicht der Dinge. Geben Sie sich Mühe, sich in ihre Lage hineinzuversetzen, die Ereignisse aus ihrer Sicht zu beurteilen. Teilen Sie ihr sanft und freundlich mit, dass Sie sie verstehen. Haben Sie ihr Unrecht getan, dann gestehen Sie es ein und entschuldigen sich. Falls sie Ihre Motivation nicht richtig verstanden hat, erklären Sie ihr freundlich, wie Sie es gemeint haben.

Ihr Ziel sollte es sein, Verständnis und Versöhnlichkeit zu suchen – nicht, auf Ihrer Meinung zu beharren und Ihre eigene Überlegenheit hervorzuheben.

Es gibt noch ein weiteres Prinzip, das beim Erlernen des „Freundlichkeits-Dialekts" der Liebessprache Lob und Anerkennung eine Rolle spielt. Einfach ausgedrückt: Die Liebe führt nicht Buch über die Fehler des andern. Sie wärmt keine alten Geschichten auf.

Wir geben in der Ehe längst nicht immer unser Bestes. So manches Mal haben wir unsere Partnerin gekränkt. Wir können das Vergangene zwar nicht ungeschehen machen, aber wir können um Verzeihung bitten und eingestehen, dass es verkehrt war. Und dann können wir versuchen, es in Zukunft besser zu machen. Wer seine Fehler zugegeben und um Verzeihung gebeten hat, der hat alles in seiner Macht Stehende getan, um den Schmerz des andern zu lindern. Wenn mir z. B. selbst Unrecht getan worden ist und meine Partnerin bittet mich um Verzeihung, kann ich mich zwischen Gerechtigkeit und Vergebung entscheiden. Entscheide ich mich für Gerechtigkeit bzw. Genugtuung und „zahle es ihr heim", dann schwinge ich mich zum Richter auf und lasse meine Partnerin als Übeltäterin dastehen. Dadurch aber geht die Vertrautheit und zwischenmenschliche Nähe verloren. Entscheide ich mich hingegen dafür, zu verzeihen, kann die Nähe wiederhergestellt werden. Vergebung ist eine Ausdrucksform der Liebe.

Wichtiger Hinweis: Niemand von uns ist perfekt.

Ich bin immer wieder erstaunt, wie viele Menschen sich den neuen Tag mit den Ereignissen des vergangenen Tages verderben. Um jeden Preis wollen sie an den Fehlern ihres Partners vom Vortag festhalten und verpfuschen sich damit einen Tag, der doch eigentlich gut werden könnte. „Was du mir angetan hast! Das werde ich dir nie vergessen. Du ahnst ja nicht, wie sehr du mich verletzt hast. Du sitzt da, als könntest du kein Wässerchen trüben – und das, nachdem du so mit mir umgesprungen bist. Auf Knien solltest du mich um Verzeihung bitten." Das sind keine Worte der Liebe. Aus ihnen spricht nur Verbitterung, Groll und Rache. Am besten schreiben wir die Fehler der Vergangenheit ins Geschichtsbuch unseres Lebens. Ja, sie sind geschehen. Es hat geschmerzt und vielleicht schmerzt es immer noch. Aber der andere hat seinen Fehler eingestanden und um Verzeihung gebeten. Wir können Vergangenes zwar nicht ungeschehen machen, aber wir können es als Teil unserer Lebensgeschichte akzeptieren. Wir können uns dazu entscheiden, heute befreit von den Fehlern der Vergangenheit zu leben.

Vergebung ist kein Gefühl. Vergebung ist eine bewusste Entscheidung. Sie ist die Entscheidung, nachsichtig zu sein und dem „Missetäter" seine Missetat nicht mehr vorzuhalten. Vergebung ist eine Ausdrucksform der Liebe. „Ich liebe dich. Du bist mir wichtig. Ich entscheide mich, dir zu vergeben. Auch wenn sich die verletzten Gefühle nicht gleich beruhigen, werde ich nicht zulassen, dass das Geschehene zwischen uns steht. Ich hoffe, dass wir aus dieser Erfahrung lernen. Du bist meine Frau und Lebensgefährtin. Gemeinsam werden wir unseren Weg fortsetzen." Das ist Anerkennung, im Dialekt freundlicher Worte ausgedrückt.

Mit etwas Demut kommt man weit

Der letzte Dialekt von Lob und Anerkennung, auf den wir in diesem Kapitel einen Blick werfen wollen, ist Demut. Die Liebe bittet, aber stellt keine Forderungen. Wenn ich von meiner Frau etwas fordere, spiele ich mich sozusagen zum Vater auf und mache sie zum Kind. In der Ehe sind wir jedoch gleichberechtigte, erwachsene Partner. Wir sind zwar nicht vollkommen, aber wir sind erwachsen und ebenbürtig. Wenn wir wirklich Nähe in unserer Beziehung schaffen wollen, müssen wir unsere gegenseitigen Bedürfnisse kennenlernen. Wenn wir einander lieben wollen, müssen wir wissen, was sich der andere wünscht.

Dabei ist es ganz wichtig, wie wir voreinander unsere Wünsche und Bedürfnisse formulieren. Wenn sie als Forderungen ausgesprochen werden, berauben wir uns der Möglichkeit, persönliche Nähe herzustellen, und wir vertreiben unsere Partnerin. Tragen wir aber unsere Wünsche und Bedürfnisse als Bitte vor, so zeigen wir Wege auf. Der Ehemann sagt: „Weißt du, ich hätte mal wieder richtig Appetit auf die super Nudeln, die du immer machst." Damit zeigt er seiner Frau einen Weg, ihm ihre Liebe zu erweisen und Nähe herzustellen. Ganz anders wirkt es sich aus, wenn der Mann sagt: „Wann bekommt man hier endlich mal was Richtiges zwischen die Zähne?" Dieser Mann benimmt sich nicht mehr wie ein Erwachsener. Seine Frau wird vermutlich zurückfeuern: „Wenn dir nicht gefällt, was ich koche, dann koch doch selber!"

Wenn Sie an Ihre Frau eine Bitte richten, geben Sie ihr das Gefühl, wertgeschätzt zu sein und selbst entscheiden zu können. Stellen Sie aber immer nur Forderungen, dann sind Sie nicht mehr der liebende Partner, sondern ein Tyrann. Ihre Frau wird sich nicht bestätigt, sondern herabgesetzt fühlen.

Die Bitte lässt noch eine Wahl. Ihre Partnerin kann entscheiden, ob sie diese erfüllt oder zurückweist. Liebe bedeutet immer Entscheidungsfreiheit. Dadurch bekommt sie erst ihren Sinn. Wenn meine Partnerin sich für die Erfüllung meiner Bitte entscheidet, so sagt mir das etwas: Sie ist an mir interessiert, sie respektiert und liebt mich und möchte etwas tun, was mir Freude macht. Liebe können wir nicht einfordern. Vielleicht würde meine Frau auch meinen Forderungen nachkommen. Aber dann würde sie eher aus Furcht oder aus Schuldgefühlen oder aus anderen Beweggründen heraus handeln, nicht aber aus Liebe. Eine Bitte eröffnet die Möglichkeit, Liebe zu zeigen. Doch bloße Forderungen ersticken alles im Keim.

Je mehr Sie diese wesentlichen Bestandteile anerkennender Worte in Ihren täglichen Austausch mit Ihrer Frau einbauen, umso fließender werden Sie diese Liebessprache sprechen – und umso mehr werden Sie positive Veränderungen in Ihrer Beziehung erleben.

Lob und Anerkennung Zielschießen
Du bist eine kräftige Frau
Du hast eine gute Haltung
Ich habe dich ja nicht wegen deines Aussehens geheiratet
Wow! Du siehst in dem Kleid atemberaubend aus.
Du sagst immer, was du denkst - das muss ich dir lassen.

SPRACHFÜHRER FÜR LOB UND ANERKENNUNG

Mit etwas Übung können Sie die Sprache „Lob und Anerkennung" fließend sprechen lernen. Dabei wollen wir Ihnen helfen und haben im Folgenden ein paar Ideen zusammengestellt, auf die Sie zurückgreifen können, wenn Ihnen selbst nichts einfällt.

- Sagen Sie nicht nur: „Du siehst gut aus." Sagen Sie lieber: „Die Farbe steht dir aber gut!" Oder: „Sieht klasse aus, wie du die Haare jetzt trägst." Nehmen Sie sich vor, jeden Tag der kommenden Woche **ein anderes Kompliment zum Erscheinungsbild Ihrer Frau zu machen.**

- **Machen Sie es sich zur Gewohnheit, konkrete Dinge, die Ihnen bei Ihrer Partnerin positiv auffallen, bei nächster Gelegenheit anzusprechen.** Beispiele: „Ich wollte dir schon immer mal sagen, wie sehr es mich beeindruckt hat, dass du der älteren Dame im Gespräch nach dem Gottesdienst so viel Zeit gewidmet hast." Oder: „Ich gehe so gerne mit dir spazieren, weil du mich immer auf interessante Dinge aufmerksam machst."

- Versuchen Sie Ihrer Frau in Gesprächen zu entlocken, was sie sich erträumt und ersehnt. **Stärken Sie ihr Selbstbewusstsein durch Lob und Anerkennung** und ermuntern Sie Ihre Partnerin auf diese Weise, ihre Träume wahr werden zu lassen.

- Sprechen Sie eigene Beobachtungen bezüglich ihrer Stärken und Talente an, **damit sie erfährt, was sie alles gut kann.** Zum Beispiel: „Du hast zwar nie davon gesprochen, ob du dir eine Mitarbeit im Kindergottesdienst vorstellen könntest – aber wenn ich sehe, wie du mit den Kleinen umgehst, glaube ich, dass du viel Talent dafür hättest."

- Wenn Sie künstlerisch begabt sind, könnten Sie **ein Poster, eine Collage oder etwas Ähnliches mit dem Namen Ihrer Frau in der Mitte gestalten.** Darum herum ordnen Sie Komplimente, Ermutigungen oder Kosenamen an. Das können Sie entweder ganz „altmodisch“ machen, also etwas zeichnen oder eine Zeitungscollage anfertigen, oder Sie verwenden dafür Ihren Computer.

- **Stellen Sie eine ganz persönliche Playlist für Ihre Frau zusammen.** Sie können der DJ sein und Ihrer Frau mitteilen, warum Sie die jeweiligen Lieder ausgesucht haben.

- **Schicken Sie ihr eine aufmunternde E-Mail, SMS oder WhatsApp-Nachricht,** besonders wenn Sie wissen, dass sie einen harten Tag hat. Senden Sie ihr einen Link mit einem humorvollen Inhalt.

- Versuchen Sie sich an vergangene Streitigkeiten, Wortgeplänkel und Probleme zu erinnern und **machen Sie reinen Tisch.**

- Lernen Sie, wie man **„Ich liebe dich“ und andere Worte der Zuneigung in einer anderen Sprache** sagt.

- **Bedanken Sie sich bei ihr für etwas, was sie routinemäßig erledigt** und wofür sie vermutlich gar kein Kompliment erwartet.

3

„ZWEISAMKEIT" FLIESSEND SPRECHEN LERNEN

(Sprache der Liebe Nr. 2)

Ob Zeit wirklich das *wertvollste* Gut ist, das wir besitzen – darüber lässt sich vielleicht streiten. Wenn man z. B. den letzten Cent aus der Hosentasche fischen muss, um die Hypothek für das Haus zahlen zu können, oder sich Sorgen macht, wie man das Studium finanzieren soll, spricht vieles dafür, dass Geld wertvoller ist. Zweifellos ist Zeit jedoch ein *einzigartiges* Gut.

Jeder Mensch auf dieser Erde hat pro Tag dieselbe Zeit zur Verfügung: 24 Stunden, 1.440 Minuten oder 86.400 Sekunden – je nachdem, welche Zeitrechnung Sie bevorzugen.

Am Ende eines jeden Tages ist die zugeteilte Spanne bei uns allen erschöpft. Zeit kann nicht wie ein Kredit verlängert oder gehortet werden. Ist sie einmal verstrichen, dann ist sie verstrichen. Weg.

Zeit kann auch nicht gestohlen oder auf ein anderes Konto überwiesen werden. Zeit ist kein Markt, den man aufkaufen kann. Was Zeit betrifft, so können die Reichen nicht noch reicher werden. Kein Computer-Nerd kann die Zeit „hacken" oder sie anderweitig manipulieren.

Zeit kann nicht ausgetauscht oder zurückerstattet werden.

Zeit ist extrem beschränkt – und wahnsinnig begehrt. Denken Sie nur daran, was alles um Ihre Zeit wetteifert.

Ihr Job.

Ihre unfreiwilligen und freiwilligen Überstunden.

Ihr Arbeitsweg.

Ihr Fitnesstraining.

Ihre Verantwortungen als Freund, Nachbar, Kirchenmitglied und engagierter Bürger.

Die Übungsstunden, Wettkämpfe, Vorführungen und Programme Ihrer Kinder.

Ihre Hobbys und Zeitvertreibe.

Die Bedürfnisse Ihres Körpers nach Schlaf und Ruhe.

So viele Möglichkeiten und so wenig Zeit, ihnen nachzugehen.

Niemand versteht diese Wahrheit besser als derjenige, dessen Muttersprache die Zweisamkeit ist.

Wenn Sie mit einer Zweisamkeits-Sprecherin verheiratet sind, sollten Sie zumindest ein bisschen geschmeichelt sein. Ihre Frau ist nicht auf Lob und Anerkennung oder Geschenke und Hilfe aus. Sie will einfach Sie. Sie erlebt Ihre Liebe und Zuneigung schon dadurch, dass Sie etwas Ihrer kostbaren Zeit mit ihr teilen. Eine halbe Stunde hier, eine Stunde da oder ab und zu ein Wochenende reichen schon aus, um ihren Liebestank im grünen Bereich zu halten.

Vorausgesetzt, es ist die richtige Art von Zeit.

Die richtige Art von Zeit

Qualität ist es, worauf es ankommt. Qualität bedeutet, dass man die Messlatte hoch legt. Ein Mechaniker, der Qualität bietet, spart nicht an allen Ecken und Enden, wenn er die Bremsen Ihres Autos repariert. Er lässt sich nicht ablenken, während er den Vergaser wieder zusammensetzt. Er schlägt nicht gleich die Hände über dem Kopf zusammen und verschwindet, wenn er nicht sofort ein Klappern im Auspuffsystem lokalisieren kann.

Jemand, der für Qualitätsarbeit steht, nimmt auch mal ein paar Mühen in Kauf. Er konzentriert sich auf die anstehende Aufgabe und gibt nicht auf, wenn die Dinge nicht wie gewünscht laufen.

Ganz ähnlich verhält es sich, wenn es darum geht, qualitativ hochwertige Zeit mit Ihrer Frau zu verbringen. Wenn Sie Ihre Zeit einsetzen, dann aber bitte nur das Beste davon. Und so funktioniert's.

Volle Konzentration

Der Schlüssel, um die Liebessprache der Zweisamkeit fließend sprechen zu lernen, liegt in der richtigen Gesinnung. Und das Geheimnis einer entsprechenden Gesinnung liegt darin, einander volle Aufmerksamkeit zu schenken.

So manches Ehepaar glaubt, dass es viel Zeit zusammen verbringt, in Wirklichkeit lebt es aber nur in räumlicher Nähe zueinander. Die Partner sind zwar gleichzeitig im selben Haus, aber sie erleben nicht wirklich etwas gemeinsam. Ein Mann, der ständig mit seinem Smartphone beschäftigt ist, während seine Frau versucht mit ihm zu reden, widmet ihr nicht seine Zeit – denn sie hat ja nicht seine volle Aufmerksamkeit.

Das heißt nicht, dass man die gemeinsame Zeit damit verbringen muss, einander ständig in die Augen zu starren. Zweisamkeit bedeutet, etwas miteinander zu unternehmen und einander dabei Aufmerksamkeit zu schenken. Die Aktivität selbst ist nebensächlich. Es hat eine positive emotionale Auswirkung, wenn wir qualitativ wertvolle Zeit miteinander verbringen. Die Aktivität ist dabei ein Mittel zum Zweck, um das Gefühl der Zusammengehörigkeit zu fördern.

Ein Mann und eine Frau, die Tennis miteinander spielen und dabei ihre Zweisamkeit genießen, stellen nicht das Spiel selbst in den Mittelpunkt, sondern die Tatsache, dass sie Zeit miteinander verbringen. Entscheidend ist also nur, was sich auf der Gefühlsebene abspielt. Auch wenn wir gemeinsame Zeit mit ganz gewöhnlichen Aktivitäten verbringen, so drückt es doch aus, dass es uns Freude macht, mit dem andern zusammen zu sein.

Die Qualität der Gespräche steigern

Wie Lob und Anerkennung, so hat auch die Zweisamkeit als Liebessprache verschiedene Dialekte. Dazu gehört vor allem der aufrichtige Gedankenaustausch. Damit meine ich das Zwiegespräch, bei dem in einer entspannten, störungsfreien Atmosphäre über Erfahrungen, Gedanken, Gefühle und Sehnsüchte gesprochen wird. Ein qualitativ wertvoller Gedankenaustausch vermittelt unserer Partnerin:

- „Ich möchte dich gerne aus der Reserve locken."
- „Ich höre mir verständnisvoll an, was du zu sagen hast."
- „Ich stelle Fragen – nicht um dich zu bedrängen, sondern aus dem aufrichtigen Wunsch heraus, dich zu verstehen."

Die meisten Menschen, die sich beklagen, ihr Partner rede nicht mit ihnen, meinen damit nicht, dass er den Mund überhaupt nicht aufmacht. Sie vermissen vielmehr das *wirkliche* Zwiegespräch, den vertrauten Dialog. Wenn Ihre Frau die Zweisamkeit als Muttersprache der Liebe hat, dann sind solche Zwiegespräche ganz wichtig, damit sie das Gefühl bekommt, geliebt zu werden.

Ich lernte Patrick kennen, als er 43 Jahre alt und 17 Jahre verheiratet war. Ich erinnere mich noch so gut an ihn, weil er damals das Gespräch mit mir ungewöhnlich emotionsgeladen begann. Er war in mein Büro gekommen. Nun saß er mir gegenüber, nannte kurz seinen Namen, lehnte sich vor und sagte aufgewühlt: „Dr. Chapman, ich bin ein Idiot gewesen, ein großer Idiot."

„Wie kommen Sie darauf?", fragte ich.

„Ich war 17 Jahre verheiratet", erzählte er. „Und nun hat mich meine Frau verlassen. Jetzt begreife ich erst, was für ein Narr ich gewesen bin."

Ich fragte nach: „In welcher Weise haben Sie sich Ihrer Meinung nach idiotisch benommen?"

„Meine Frau ist immer wieder von der Arbeit nach Hause gekommen und hat mir von ihren Problemen im Büro erzählt. Ich habe zugehört und ihr dann gesagt, was sie tun solle. Ich habe ihr immer einen guten Rat gegeben und sie oft gedrängt, sich den Problemen zu stellen. Ich habe zu ihr gesagt: ‚Probleme lösen sich nicht von allein. Du musst mit den Betreffenden reden oder dich an deinen Vorgesetzten wenden. Du musst die Probleme angehen.' Am nächsten Tag kam sie nach Hause und erzählte mir von genau denselben Schwierigkeiten. Wenn ich sie fragte, ob sie getan hat, was ich ihr geraten hatte, dann schüttelte sie nur den Kopf. Also redete ich ihr noch einmal ins Gewissen. Ich erklärte ihr, dass sie nur so die Probleme lösen kann. Am nächsten Tag war es genau dasselbe. Wieder fragte ich sie, ob sie meinen Rat befolgt hat, und wieder schüttelte sie den Kopf.

Nach ein paar Tagen wurde ich wütend. Sie kann doch nicht mein Mitgefühl erwarten, wenn sie meinen Rat nicht annimmt, sagte ich ihr. Sie müsste doch gar nicht unter diesem Stress leben. Sie könnte die Probleme lösen, wenn sie nur tun würde, was ich ihr riet. Es tat mir weh, mit anzusehen, unter welchem Druck sie lebte, denn es war im Grunde genommen nicht nötig. Als sie dann wieder mit ihren Problemen zu mir kam, sagte ich: ‚Ich möchte davon nichts mehr hören. Ich habe dir gesagt, was du tun musst. Wenn du meinen Rat nicht befolgst, möchte ich wirklich nichts mehr davon hören.'

Ich habe mich dann einfach zurückgezogen und mich um mein eigenes Leben gekümmert. Inzwischen habe ich begriffen, dass sie eigentlich nur mein Mitgefühl wollte. Ich sollte einfach nur zuhören, ihr meine Aufmerksamkeit schenken, sie wissen lassen, dass ich ihr Leid, ihren Stress, ihren Druck verstand. Sie wollte wissen, ob ich sie noch liebe und mich ihr zugehörig fühle. Meinen Rat wollte sie gar nicht. Sie wollte nur das Gefühl haben, dass ich sie verstehe. Aber ich war zu sehr damit beschäftigt, sie zu beraten. Und nun ist sie weg.

Warum begreift man vieles nicht, wenn man mitten in einer schwierigen Situation steckt?“, fragte er mich traurig. „Ich war blind für das, was um mich herum geschah. Erst jetzt begreife ich, wie sehr ich ihr Unrecht getan habe.“

Patricks Frau wünschte sich einen Gedankenaustausch. Sie sehnte sich danach, dass ihr Mann ihr seine Aufmerksamkeit schenkte, indem er einfach Anteil nahm an ihrem Leid und ihrer Niedergeschlagenheit. Patrick aber wollte nicht zuhören und war ganz versessen darauf, etwas zu sagen. Er hörte gerade nur so lange hin, bis er das Problem verstanden hatte. Dann formulierte er sofort seine Lösungen. Er hörte nicht lange oder nicht genau genug hin, um ihren inneren Verzweiflungsschrei nach Trost und Verständnis zu verstehen.

Möchte jemand von uns den ersten Stein auf Patrick werfen?

In Wirklichkeit sind doch viele von uns genauso wie er. Wir haben es gelernt, Probleme zu erkennen und Lösungen zu finden. Wir vergessen allerdings oft, dass die Ehe keine zu erfüllende Aufgabe und kein zu lösendes Problem ist, sondern eine lebendige Beziehung. Eine Beziehung verlangt, dass wir aufmerksam zuhören. Unser Anliegen muss es dabei sein, die Gedanken, Gefühle und Sehnsüchte des andern zu verstehen. Wir sollten zwar bereit sein, unseren Rat zu geben, aber nur, wenn er erbeten wird.

Nur wenige von uns haben es wirklich gelernt, zuzuhören. Denken und reden, das können wir. Zuhören zu lernen – das mag uns genauso schwerfallen wie das Erlernen einer Fremdsprache. Aber es bleibt uns nichts anderes übrig, wenn wir unsere Liebe richtig zum Ausdruck bringen wollen. Das gilt besonders dann, wenn unsere Partnerin die vertraute Zweisamkeit als Muttersprache der Liebe spricht und wenn ihr Dialekt auch noch das Zwiegespräch ist. Erfreulicherweise ist das Zuhören eine Fähigkeit, die man sich recht schnell aneignen kann (auch wenn es Jahre braucht, um sie wirklich zu meistern). Im Folgenden haben wir einige praktische Tipps für Sie aufgeschrieben, damit Sie gleich loslegen können.

1. Halten Sie Augenkontakt, wenn Ihre Frau mit Ihnen redet. Das hilft Ihnen, sich zu konzentrieren, und zeigt ihr, dass sie Ihre volle Aufmerksamkeit bekommt.

2. Wenn Sie Ihrer Frau zuhören, sollten Sie nichts anderes nebenbei tun. Denken Sie daran, dass Zweisamkeit heißt, dem Gegenüber die ungeteilte Aufmerksamkeit zu schenken. Wenn Sie etwas anschauen, lesen oder erledigen, was Sie gerade besonders interessiert oder keinen Aufschub duldet, dann sagen Sie das Ihrer Frau ganz offen. Das könnte z. B. so aussehen: „Du willst mir etwas sagen und das interessiert mich auch. Ich möchte dir aufmerksam zuhören. Das kann ich aber im Augenblick nicht. Gib mir zehn Minuten Zeit. Dann setze ich mich zu dir." Die meisten Frauen werden diese Bitte respektieren.

3. Hören Sie genau hin, was Ihre Frau bewegt. Fragen Sie sich: „In welcher Stimmung ist meine Frau gerade?" Wenn Sie glauben, die Antwort gefunden zu haben, dann sollten Sie nachfragen. Zum Beispiel: „Ich habe den Eindruck, du bist enttäuscht, weil ich vergessen habe ____________." Das gibt ihr die Möglichkeit, sich ihrer Gefühle bewusst zu werden und darüber zu reden. Es sagt ihr aber auch, dass Sie ihr aufmerksam zuhören.

4. Beachten Sie die Körpersprache. Geballte Fäuste, zitternde Hände, Tränen, Stirnrunzeln und ein umherschweifender Blick geben Ihnen z. B. einen Hinweise darauf, was Ihre Frau fühlt. Manchmal vermittelt die Körpersprache nämlich eine ganz andere Botschaft als das gesprochene Wort. Fragen Sie nach, um sicher zu wissen, was sie denkt und fühlt.

5. Unterbrechen Sie Ihre Frau nicht. Wenn Sie Ihrer Frau Ihre ungeteilte Aufmerksamkeit schenken möchten, während sie redet, dann sollten Sie vermeiden, sie zu unterbrechen, um sich zu verteidigen, ihr Vorwürfe zu machen oder auf Ihrem Standpunkt zu beharren. Denn Sie wollen ja in erster Linie ihre Gedanken und Gefühle ergründen. Sie möchten sie verstehen.

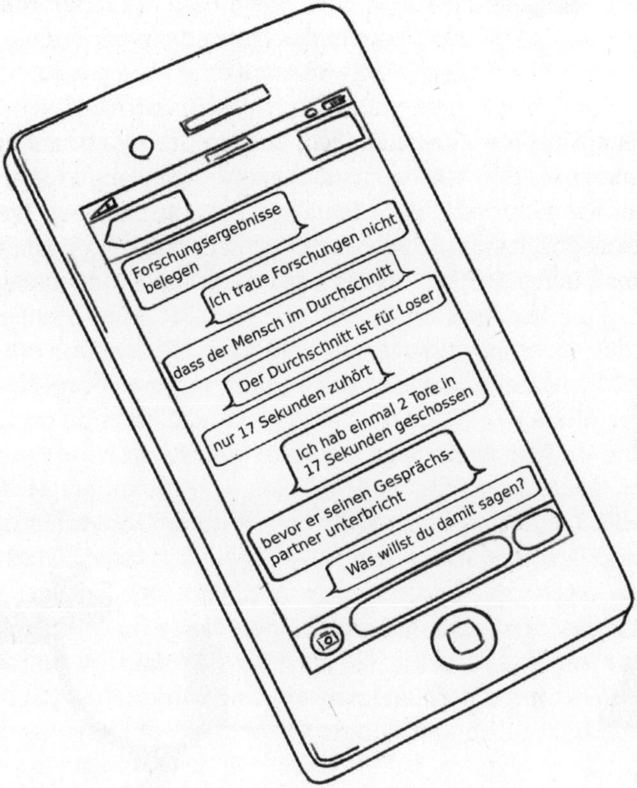

Offen sein

Zum echten Zwiegespräch gehört aber nicht nur, dass wir wohlwollend zuhören, sondern auch, dass wir uns öffnen. Wenn eine Frau sagt: „Ich wünschte, mein Mann würde etwas mehr reden. Ich weiß oft nicht, was er denkt und fühlt", dann ist dies Ausdruck für die Sehnsucht nach Nähe und Vertrautheit. Sie möchte ihrem Mann nahe sein. Aber wie kann sie jemandem nahe sein, den sie nicht kennt? Damit sie sich geliebt fühlen kann, muss er lernen, sich zu öffnen. Wenn ihre Muttersprache der Liebe die Zweisamkeit und ihr Dialekt das Zwiegespräch ist, dann wird ihr Liebestank niemals gefüllt sein, solange der andere nicht über seine Gedanken und Gefühle spricht.

Stellen Sie sich das wie ein Tennisspiel vor. Wenn einer der Spieler untätig wäre, gäbe es ein Ass, einen nicht parierten Aufschlag nach dem anderen. Das wäre doch total langweilig – für beide Spieler. Schlägt der zweite Spieler den Ball hingegen **zurück**, kann das Spiel losgehen. Hin und her. Jeder nimmt entgegen, was der andere einem darbietet – und schickt es mit seinem eigenen Dreh zurück. Ehe man sichs versieht, hat man lange Ballwechsel, die richtig Spaß machen.

Wären tief gehende, offene Gespräche doch nur genauso leicht zu meistern wie ein guter Schlagabtausch beim Tennis!

Es fällt nicht jedem von uns leicht, sich für den anderen zu öffnen. Viele Menschen sind in Familien aufgewachsen, in denen das offene Gespräch über Gedanken und Gefühle verpönt war und deshalb auch nicht gefördert wurde. Die Bitte um ein neues Spielzeug wurde vielleicht mit einer Gardinenpredigt über die Geldnöte der Familie beantwortet. Daraufhin verschwand das Kind mit einem schlechten Gewissen. Es lernte, seine Wünsche zu unterdrücken. Vielleicht haben die Eltern auf jedes Anzeichen von Zorn und Enttäuschung hin mit großer Strenge reagiert. So lernte das Kind, dass Wutausbrüche nicht zum guten Ton gehören und dass es seine Enttäuschungen besser verbergen sollte. Deshalb haben viele von uns gelernt, ihre Gefühle zu verleugnen. Und so haben wir den Kontakt zu unserer Gefühlswelt verloren.

Eine Frau fragt einmal ihren Mann: „Als Stefan dir das angetan hat, was hast du da empfunden?“ Ihr Mann antwortete: „Er hat einen Fehler gemacht. Er hätte besser ...“ Hat dieser Mann etwas über seine Empfindungen gesagt? Nein, ganz und gar nicht. Er sprach nur auf Verstandesebene. Auch wenn er zu Recht wütend, gekränkt und enttäuscht sein könnte, so hat dieser Mann schon so lange in einer Welt nüchterner Bewertungen gelebt, dass er Gefühle gar nicht erst aufkommen lässt. Wenn er sich entscheiden würde, die Sprache des offenen, vertrauten Zwiegesprächs zu lernen, so wäre dies zunächst für ihn eine völlig unbekannte Erfahrung. Er müsste erst einmal Kontakt zu seinen Gefühlen aufnehmen. Dann würde ihm nach und nach bewusst werden, dass er ein durch und durch emotionales Geschöpf ist, auch wenn er diesen Aspekt seines Lebens bislang erfolgreich verdrängen konnte.

Wenn Sie die vertraute Zwiesprache erst lernen müssen, sollten Sie sich aufschreiben, was Sie während des Lernprozesses, Ihre Gefühle wahrzunehmen, erleben. Sie sollten immer einen kleinen Notizblock bei sich tragen. Fragen Sie sich im Laufe des Tages einige Male: „Welche Gefühle hatte ich in den letzten Stunden? Was empfand ich, als der Fahrer hinter mir so dicht auffuhr? Was ging in mir vor, als die Zapfpistole der Tanksäule nicht abschaltete und das ganze Auto nach Benzin stank? Was regte sich in mir, als mir mein Vorgesetzter offenbarte, dass ich mein Projekt, für das ich eigentlich noch zwei Wochen Zeit hatte, nun bereits in drei Tagen abschließen muss?“

Schreiben Sie Ihre Gefühle auf und notieren Sie jeweils ein oder zwei Stichworte dazu, sodass Sie sich immer an das entsprechende Ereignis erinnern. Ihre Liste könnte wie folgt aussehen:

Ereignis	**Gefühle**
Drängler	wütend
Tankstelle	sehr aufgebracht
Projekt in drei Tagen fertig	Frustration, Versagensangst

Machen Sie diese Übung dreimal am Tag und Sie werden sich Ihres Gefühlslebens immer bewusster werden. Mithilfe Ihres Notizblocks sollten Sie so oft wie möglich über Ereignisse und Gefühle mit Ihrer Partnerin sprechen. Innerhalb von wenigen Wochen wird es Ihnen gar nicht mehr so schwerfallen, Ihre Gefühle Ihrer Partnerin gegenüber preiszugeben. Denken Sie immer daran, dass Gefühle an sich weder gut noch schlecht sind. Sie sind lediglich unsere seelische Reaktion auf Ereignisse in unserem Leben.

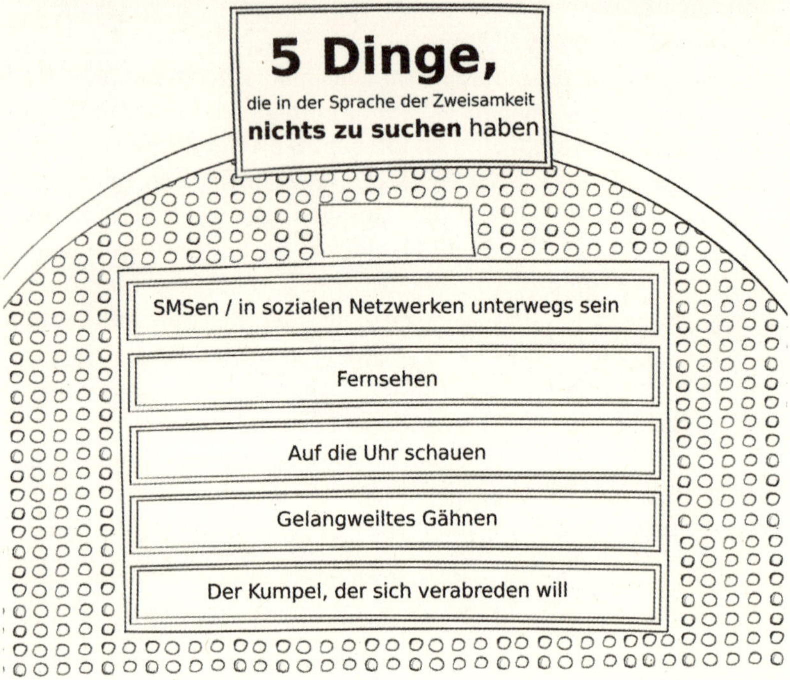

Gemeinsam aktiv werden

Ein weiterer Dialekt der Liebessprache der Zweisamkeit sind gemeinsame Unternehmungen. In einem Eheseminar bat ich kürzlich die anwesenden Paare, den folgenden Satz zu ergänzen: „Ich spüre die Liebe meines Mannes / meiner Frau dann am stärksten, wenn _________.“ Ich möchte Ihnen die Antwort eines 29-jährigen Mannes nennen, der acht Jahre verheiratet war:

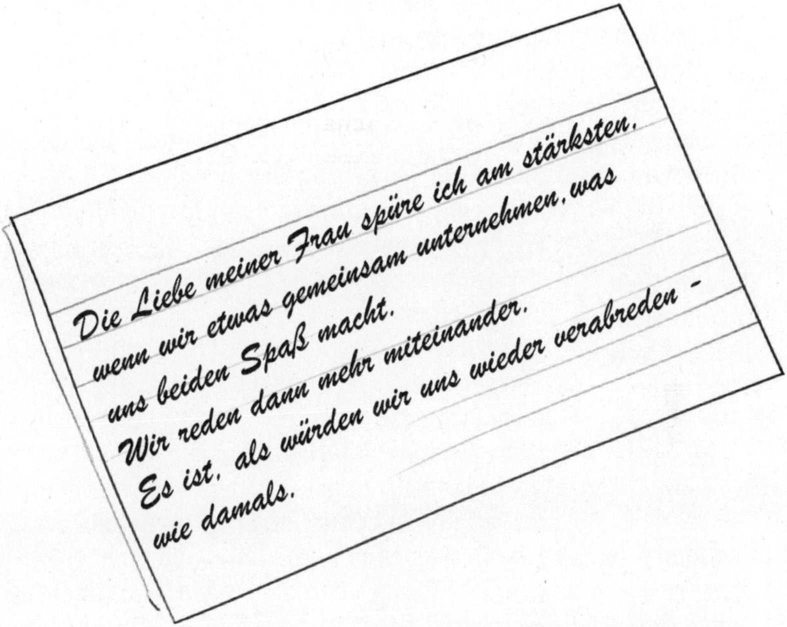

Das ist die typische Antwort derjenigen, deren Muttersprache der Liebe die Zweisamkeit ist. Als wichtig wird dabei empfunden, dass man Zeit miteinander verbringt, gemeinsam etwas unternimmt und dem anderen die ungeteilte Aufmerksamkeit schenkt.

Man kann im Grunde genommen sehr vieles gemeinsam tun. Es muss nur beiden Spaß machen. Entscheidend ist nicht, *was* man tut, sondern *warum* man es tut. Es kommt darauf an, etwas gemeinsam zu erleben und dabei das Gefühl zu haben: *Er ist an mir interessiert. Er ist bereit, etwas mit mir gemeinsam zu unternehmen, was mir Spaß macht. Und er hat es gern gemacht.* Das ist für manche Menschen die unmissverständliche Bekundung von Liebe.

Man kann so vieles gemeinsam tun – einen Garten anlegen, interessante historische Stätten oder Museen besuchen, zu einem Konzert gehen, für einen Halbmarathon trainieren oder ein anderes Ehepaar zu einem gemeinsamen Spieleabend mit Pizza einladen. Grenzen setzt nur das gemeinsame Interesse und die

Bereitschaft, sich auf Neues einzulassen. Die wichtigsten Voraussetzungen für gute gemeinsame Unternehmungen sind:

Mindestens einer der Partner verspürt den Wunsch.

Der andere ist bereit, mitzumachen.

Die Ehepartner wissen, zu welchem Zweck etwas unternommen wird – und zwar als Liebesbeweis für beide.

Zweisamkeit macht sich in Form von schönen Erinnerungen bezahlt.

Ein Nebenprodukt dieser gemeinsamen Unternehmungen ist das Guthaben an schönen Erinnerungen, auf das man später immer zurückgreifen kann. Glücklich zu nennen ist das Paar, das sich an gemeinsame Strandspaziergänge am frühen Morgen erinnern kann; an das Frühjahr, als sie den Blumengarten angelegt haben; oder an den gemeinsamen Skiurlaub, bei dem er sich auch noch das Bein brach. Es kann so viele schöne Erinnerungen geben: der Spaß im Freizeitpark, schöne Konzerte, der Besuch einer Kathedrale, und nicht zu vergessen das erhabene Gefühl, nach stundenlangem Marsch an einem Wasserfall zu stehen. Das sind Erinnerungen, die die Liebe wachhalten, besonders für jene Menschen, deren Muttersprache der Liebe die Zweisamkeit ist.

Wie aber finden wir die Zeit für solche Unternehmungen, besonders dann, wenn beide außer Haus berufstätig sind? Wir werden in den meisten Fällen durchaus die Zeit dafür finden, wie wir auch immer Zeit erübrigen, etwas zu essen, wenn uns der Hunger treibt. Die Zweisamkeit ist für unsere Ehe nicht weniger wichtig als die Nahrung für unsere Gesundheit. Ich gebe zu, es ist nicht immer leicht. Es braucht sorgfältige Planung. Müssen wir ein paar persönliche Hobbys aufgeben? Vielleicht. Müssen wir ab und zu Dinge tun, die uns nicht sonderlich interessieren? Ganz bestimmt. Lohnt sich das? Zweifellos! Es stellt sich Freude ein, weil wir mit einer Partnerin zusammenleben, die sich dadurch geliebt fühlt, dass wir ihre Muttersprache der Liebe fließend sprechen.

SPRACHFÜHRER FÜR DIE ZWEISAMKEIT

Es ist gut, dass Sie die Liebessprache der Zweisamkeit erlernen! Da man von niemandem erwarten kann, von einem Tag auf den anderen eine neue Kommunikationsweise zu meistern, haben wir Ihnen im Folgenden einige Anregungen zusammengestellt:

- Respektieren Sie den persönlichen Lebensrhythmus Ihrer Frau, je nachdem, ob sie ein Frühaufsteher oder eher eine Nachteule ist. **Richten Sie es mithilfe Ihres Terminkalenders so ein, dass Sie gemeinsame Zeit vereinbaren.** Stellen Sie den Wecker ein bisschen früher oder trinken Sie einen Kaffee, damit Sie wach bleiben: Die Hauptsache ist, Sie geben Ihrer Frau das Gefühl, Ihre volle Aufmerksamkeit wert zu sein.

- **Geben Sie etwas auf, das Ihnen eigentlich wichtig ist, um Zeit für Ihre Frau zu schaffen.** Sagen Sie das Golfspielen am Samstagvormittag ab, trainieren Sie einen Abend weniger für den Handball oder opfern Sie einen weniger wichtigen Geschäftstermin. Der Gewinn für das Verhältnis zu Ihrer Partnerin wird größer sein als der Verlust, den Sie möglicherweise erleiden. Es ist eine wichtige Liebesbotschaft für Ihre Frau.

- **Schreiben Sie und Ihre Frau sich die zehn schönsten Momente in Ihrem bisherigen gemeinsamen Leben auf** – jeder auf seinem eigenen Blatt. Dann vergleichen Sie die Punkte. Wie viele Übereinstimmungen mag es wohl geben?

- Viele Männer müssen Aufmerksamkeit regelrecht lernen. **Wenn es Ihnen schwerfällt, konzentriert zuzuhören, dann üben Sie regelmäßig**, indem Sie ganz bewusst den ausschweifenden Schilderungen Ihrer Kinder lauschen, die Sonntagspredigt von Anfang bis Ende verfolgen oder ein Musikstück anhören, ohne Ihre Gedanken abschweifen zu lassen.

- Es gibt Paare, die durch ihre Lebensumstände selten getrennt sind. Versuchen Sie dann nicht verkrampft, ständig Zweisamkeit zu produzieren. **Planen Sie besondere Zeiten und Orte ein, um dort Zweisamkeit bewusst zu erleben.**

- Sollte Ihre Frau ständig unter Zeitdruck stehen, **könnten Sie ihr die eine oder andere Arbeit abnehmen.** Erledigen Sie doch mal die Überweisungen, machen den Einkauf oder bringen die Kinder ins Bett. Auf diese Weise haben Sie gleich viel mehr Spielraum für echte Zweisamkeit.

- **Suchen Sie sich gemeinsame Aktivitäten, die beiden Spaß machen**, damit Sie mehr Zeit miteinander verbringen können. Wenn die Frau gerne joggen geht und Sie am liebsten vor dem Computer sitzen, entsteht wenig Zweisamkeit. Versuchen Sie es doch mal mit ihrem Hobby – oder Sie beginnen gemeinsam etwas ganz Neues – vielleicht einen Tangokurs, einen Gourmet-Kochkurs oder Geocaching. Dadurch gewinnt Ihre Beziehung eine ganz neue Dimension.

- Wenn die Flitterwochen bei Ihnen schon Jahre zurückliegen, werden Sie beinahe unvermeidlich sehr viel (Gesprächs-)Zeit mit den Notwendigkeiten des Alltags füllen: Wann muss der Hund zum Tierarzt? Wo ist wieder der Fensterreiniger abgeblieben? Wie viel Geld soll für die Müllentsorgung ausgegeben werden? **Achten Sie darauf, dass nicht all Ihre wertvolle Zeit mit diesem „Kleinkram" vergeudet wird.**

- **Überraschen Sie Ihre Frau mit zwei Kinokarten für einen Film**, den sie unbedingt sehen wollte. Danach laden Sie sie zum Essen ein. Dann haben Sie viel Zeit, sich über den Film zu unterhalten.

- Wenn Sie es sich als Paar zur Gewohnheit gemacht haben, gemeinsam zu beten, **könnten Sie diese Zeit der Zweisamkeit mit Gott hin und wieder etwas ausdehnen und damit zusätzliche „Qualitätszeit“ für Sie beide schaffen.**

- Wenn Ihre Terminplanung es zulässt, machen Sie mal kurzerhand „schneefrei“ oder legen einen Sommerurlaubstag ein. **Lassen Sie Ihre Pläne sausen und unternehmen etwas ganz Spontanes.**

- **Lesen Sie doch einmal mit Ihrer Frau dasselbe Buch**, um hinterher darüber diskutieren zu können. Verabreden Sie, bestimmte Seiten oder Kapitel zu lesen und sich dann zusammenzusetzen, um darüber zu reden. Oder Sie lesen sich gegenseitig vor.

- Fahrten mit dem Auto sind für viele Paare eine gute Gelegenheit, sich ausführlich zu unterhalten. **Fahren Sie also hin und wieder ein paar Kilometer mehr.** Vielleicht liegt das Lieblingsrestaurant Ihrer Frau in einer landschaftlich schönen Gegend und Sie können im Auto gemeinsam die Aussichtsstraße dorthin genießen.

- Wenn Ihnen mal der Gesprächsstoff ausgeht, können Sie **das gemeinsame, vertraute Schweigen lernen**. Verabreden Sie ganz bewusst eine Zeit der Stille, während Sie beobachten, wie die Sonne untergeht, oder während Sie dem Vogelgezwitscher im Wald lauschen.

- Die Hausarbeit muss ohnehin erledigt werden – warum also nicht die Zeit für einen gemeinsamen Hausputz nutzen, bei dem Sie nebenher gute Gespräche führen können? **Putzen Sie zusammen, wischen Sie Staub und räumen auf – und reden Sie dabei.**

4

„SCHENKEN" FLIESSEND SPRECHEN LERNEN

(Sprache der Liebe Nr. 3)

Erik war ein Jahr lang in Kelseys Freundeskreis, bevor sie sich darauf einließ, mit ihm auszugehen. Da sie beide große Baseball-Fans waren, nahm Erik sie für ihre erste Verabredung zu einem Spiel der „Indianapolis Indians" mit. Das Zweitligisten-Stadium der Indians ermöglichte es den Fans, auch auf Grashügeln zu sitzen statt auf den unbequemen Zuschauertribünen. Erik und Kelsey waren gerade dabei, ihr mitgebrachtes Picknick unweit der Abgrenzung an der linken Spielseite zu genießen, als der Ball vom ersten Baseman in hohem Bogen in ihre Richtung gesegelt kam. Erik sprang auf und fing den Ball auf beeindruckende Weise mit bloßen Händen – sein erster Home-Run-Fang überhaupt.

Zwei Tage später fand Kelsey ein in Geschenkpapier gewickeltes Päckchen vor ihrem Studentenzimmer liegend. Sie öffnete es. Darin war ein Baseball in einem kleinen Schaukästchen aus Plastik (von der Art, die Sammler gewöhnlich benutzen). Auf die Innenseite des Schaukästchens war ein Ticketabschnitt des Spieles der „Indianapolis Indians" geklebt. Auf dem Ball war das Datum des Spiels geschrieben und die Worte:

Der erste Home-Run-Fang.
Das Zweitbeste, was ich an dem Tag erlebt habe.

Innerhalb von zwei Jahren nach dieser ersten Verabredung waren Erik und Kelsey verheiratet. Heute, 15 Jahre später, liegt jener Baseball immer noch in dem Schaukästchen, das auf Kelseys Schlafzimmerkommode steht, wo sie ihn jeden Tag sehen kann. Kürzlich fragte einer ihrer Freundinnen, was sie sich als Erstes schnappen würde, sollte ihr Haus in Brand geraten. Was meinen Sie wohl, was Kelsey darauf antwortete?

„Den Baseball, den Erik mir geschenkt hat."

Auf dem Flohmarkt würde man für den Ball und das Schaukästchen vielleicht nur einen Euro bekommen, vielleicht auch eineinhalb. Kelsey hingegen würde sich auch für tausendmal so viel nicht davon trennen.

Das ist die Kraft, die in einem wohlüberlegten Geschenk liegt.

Der Karren und das Pferd

Wäre Kelseys Muttersprache der Liebe Lob und Anerkennung, Zweisamkeit, Hilfsbereitschaft oder Zärtlichkeit gewesen, hätte sie Eriks Geschenk vielleicht mit einem ausdruckslosen Blick oder einem halbherzigen Dankeschön erwidert. Doch Erik setzte alles aufs Schenken und gewann den Jackpot.

Kelsey war überwältigt davon, dass er sich von seinem Home-Run-Ball trennte; dass er ihn ihr als Andenken an den ersten Tag, an dem sie miteinander ausgingen, schenkte; dass er etwas Liebes dazuschrieb und es dann noch innovativ verpackte. Alles nur für sie.

Der Umstand, dass Erik schon in einem so frühen Stadium ihrer gemeinsamen Beziehung lernte, ihre Liebessprache zu sprechen, machte Kelsey Hoffnung, dass er der Richtige sein könnte. Wie sich herausstellte, hatte sie damit recht.

Nicht jeder lernt die Sprache so schnell wie Erik. Andererseits ist aber auch nicht jeder so motiviert wie Erik, sie fließend zu beherrschen.

Innerhalb der fünf Sprachen der Liebe ist das Schenken diejenige Sprache, die bei dem einen oder anderen schon mal Stirnrunzeln auslöst. Für so manchen ist Schenken gleichbedeutend mit Materialismus oder man vermutet eine Form der Manipulation, der „erkauften“ Liebe. Deswegen soll von Anfang an betont werden, dass es nicht darum geht, den Karren vor das Pferd zu spannen – nein: das Pferd (Liebe) geht dem Karren (Geschenke) voran.

Es ist die Liebe, die den Ehemann dazu bringt, die Liebessprache seiner Frau zu lernen. Sein Ziel sollte es sein, seine Liebe so auszudrücken, dass seine Frau sie verstehen und wertschätzen kann. Die Liebe muss vorher natürlich schon vorhanden sein. Der Mann sollte nicht versuchen, sich die Zuneigung seiner Frau durch teure Geschenke zu erkaufen. Es ist nur als Ausdruck dessen gedacht, was bereits in seinem Herzen ist, und das auf eine Art, durch die seine Frau diese Liebe am intensivsten erleben kann.

Genauso wenig ist jemand, dessen Liebessprache Geschenke sind, dadurch notwendigerweise materialistisch gesinnt. **Der Frau geht es nicht darum, Wertgegenstände anzuhäufen, sondern sich mit Erinnerungen an die Zuneigung ihres Geliebten zu umgeben.** Kosten und Wert der Geschenke sind Nebensache. Was bei der Liebessprache der Geschenke zählt, ist, dass jemand an einen gedacht hat.

Greifbare Ausdrucksformen

Die Verbindung zwischen Liebe und Geschenken ist tiefer verwurzelt, als vielen Leuten bewusst ist. Wie alt waren Sie, als Sie zum ersten Mal mit einem gepflückten Löwenzahn aus dem Garten kamen und ihn Ihrer Mutter als Geschenk überreichten, um dadurch „Ich liebe dich“ zu sagen? Wie viel Krimskrams haben Sie auf Freizeiten, in der Sonntagsschule oder im Kunstunterricht für Ihre Eltern gebastelt?

Der natürliche Drang zum Schenken ist in uns angelegt. Man muss ihn sich nur nutzbar machen und vervollkommnen, dann kann jeder die Liebessprache des Schenkens meistern.

Das, was Ihre Eltern vor all diesen Jahren so erfreut hat (und es vielleicht immer noch tut), ist in Menschen, deren Liebessprache in erster Linie das Schenken ist, ganz stark ausgeprägt. Sie können das Geschenk in die Hand nehmen und sich sagen: „Sieh an, er hat an mich gedacht.“ Darin liegt der Reiz. **Wenn ich jemanden beschenke, dann beschäftige ich mich gedanklich mit ihm.** Und das Geschenk ist ein Symbol dafür. Es spielt dabei überhaupt keine Rolle, ob es Geld gekostet hat. Entscheidend ist nur, dass Sie darüber nachgedacht haben, wodurch Sie Ihrer Partnerin Freude machen können, und diesen Gedanken dann auch in die Tat umsetzen.

Geschichtenerzähler

Möchten Sie Ihrem Geschenk eine besondere Note verleihen? Dann schenken Sie gleich eine ganze Geschichte. Ein Stoffbär, der ein Schildchen mit der Aufschrift „ICH LIEBE BERLIN“ hält, ist zwar ganz nett. Doch wenn sie ihn in einem Geschenkeladen gekauft haben, der sich in derselben Straße befindet, in der früher die Urgroßmutter Ihrer Frau wohnte (was Sie durch genealogische Nachforschungen vor Ihrem Reiseantritt herausgefunden haben) –, dann ist das schon etwas ganz anderes!

Natürlich muss nicht jede Geschichte so dramatisch sein oder jedes Geschenk so viel Mühe kosten. Ein einfaches „Ich habe dich sagen hören, dass du mal was Neues in der Küche ausprobieren willst, also habe ich dir dieses Kochbuch mit orientalischen Rezepten besorgt“ oder „Ich habe für dich eine Playlist von den neuen Liedern erstellt, die ich dich in letzter Zeit habe singen hören“ reicht vollkommen.

Eine Geschichten-Geschenke-Kombination zeigt Ihrer Frau, dass Sie bewusst und mit Bedacht schenken, um ihr Freude zu machen.

Geschichten sind sichtbare Symbole der Liebe. Wer Geschenke nicht als Muttersprache der Liebe hat, kann mit dieser symbolhaften Wirkung möglicherweise nichts anfangen. Der Unterschied zwischen Muttersprachlern und Nicht-Muttersprachlern in dieser Hinsicht kann anhand des gängigsten sichtbaren Symbols der Liebe in unserer Kultur deutlich werden: dem Ehering. Zur Hochzeitszeremonie gehört meist, dass man sich gegenseitig die Ringe aufsteckt. Derjenige, der die Trauung vornimmt, wird beispielsweise dazu sagen: „Gebt einander die Ringe an die Hand als Zeichen der Treue, die ihr euch versprochen habt. Unter Gottes Segen sollt ihr alle Tage eures Lebens in Liebe einander verbunden bleiben.“ Das ist keine billige Rhetorik, sondern verleiht dem sichtbaren Symbol der Einheit Kraft, besonders für die, deren Muttersprache Geschenke sind.

Deswegen ziehen viele Menschen nach der Hochzeit ihren Ehering auch nie wieder ab. Wenn die Muttersprache Ihrer Frau das Schenken und Beschenktwerden ist, trägt sie den Ring vermutlich häufiger – und denkt mehr an ihn – als Sie. Für sie bedeutet der Ring viel, und sie trägt ihn mit Stolz, weil Sie derjenige waren, der ihn ihr als dauerhaftes Symbol Ihrer Liebe gegeben hat. Sie ist aber vermutlich auch von anderen Geschenken tief berührt, die sie über die Jahre hinweg von Ihnen bekommen hat, sind sie doch ein Sinnbild Ihrer Liebe.

Was das für Sie bedeutet

Verfolgen wir diesen Gedanken einen Schritt weiter, heißt das: **Ohne Geschenke als sichtbare Symbole zweifelt Ihre Frau vielleicht Ihre Liebe an.**

Bei einigen von Ihnen hat dieser letzte Satz Alarmglocken im Kopf schrillen lassen. Oder das Klingen der Kasse. Vielleicht haben Sie kurz nachgeschaut, ob dieses Kapitel von einem Grußkarten-, Blumen- oder Juwelierunternehmen gesponsort ist.

Wiederholen wir also noch einmal einen wichtigen Punkt: Wie gut ein Geschenk ankommt, **hängt im Allgemeinen nicht von seinem Preis oder Wert ab.**

Falls Ihre Frau allerdings meistens kritisch und undankbar auf Ihre Geschenke reagiert, sollten Sie die Sache überdenken. In diesem Fall sind Geschenke höchstwahrscheinlich nicht ihre Muttersprache der Liebe.

Tolle Geschenke gibt es in allen Größen, Farben und Formen. Einige sind teuer, andere kosten überhaupt nichts. Wenn Ihre Frau Geschenke als Muttersprache der Liebe spricht, **dann spielt der Preis des Geschenks nur eine Rolle, wenn es weit unter dem liegt, was Sie sich eigentlich leisten könnten – oder was Sie für sich selbst und andere normalerweise ausgeben.**

Wenn Sie in einer wohlhabenden Gegend leben, mit einem Golfplatz gleich vor der Tür, und sich jedes Jahr ein neues Auto leisten, dann können Sie nicht jede Woche mit Geschenken nach Hause kommen, die Sie mal schnell im 1-Euro-Laden aufgegabelt haben, und dann erwarten, dass Sie Ihrer Frau aufrichtige Liebe und Zuneigung vermitteln. Sind dem Familienbudget allerdings enge Grenzen gesetzt, kann das Geschenk für einen Euro genau dieselbe Sprache der Liebe sprechen wie das exklusive Geschenk des Wohlhabenden.

Geschenke kann man kaufen, irgendwo finden oder selber machen. Wenn Sie beim Joggen eine interessante Vogelfeder finden und sie Ihrer Frau mit nach Hause bringen, dann haben Sie ihr dadurch schon Ihre Liebe erwiesen. Eine hübsche Grußkarte für fünf Euro, die Ihnen ins Auge fällt und Ihre Gefühle ausdrückt, kann ein ideales Geschenk sein. Sollten die fünf Euro nicht in Ihrem Budget liegen, kann eine Karte, die Sie mit ganz normalem Papier selbst gestaltet haben, genauso viel (oder sogar noch mehr) bewirken.

Was könnte einfacher sein?

Sparsam oder spendierfreudig?

Dennoch ist nicht jeder davon überzeugt, dass Geschenke ein passender Ausdruck von Liebe sind. Einige verkaufen ihren Widerwillen als „weisen Umgang mit Finanzen".

Jeder von uns hat seine ganz eigene Meinung über den Zweck des Geldes und wir haben ganz unterschiedliche Empfindungen dabei, wenn es darum geht, unser gutes Geld nun auch auszugeben. Die einen sind spendierfreudig. Ihnen macht es Spaß, es mit vollen Händen auszugeben. Andere sind sparsam. Sie legen ihr Geld lieber an und sie fühlen sich nur wohl, wenn sie viel davon auf der hohen Kante haben und es möglichst günstig für sich arbeiten lassen.

Wenn das Geld bei Ihnen locker in der Tasche sitzt, wird es Ihnen nicht schwerfallen, Geschenke für Ihre Partnerin einzukaufen. Sind Sie aber ein typischer Sparer, wird sich bei Ihnen Widerstand gegenüber der Idee regen, als ein Zeichen Ihrer Liebe Geld auszugeben. Sie leisten sich ja noch nicht einmal selber etwas. Warum sollten Sie da Geld für Ihre Frau ausgeben?

Rein finanziell gesehen machen solche Gedankengänge durchaus Sinn und da ist es gar nicht leicht einzusehen, wie verdreht sie auf emotionaler Ebene sind. Denn wer so denkt, der vergisst, **dass er natürlich für sich selber Geld ausgibt. Mit seinem ersparten und angelegten Geld erkauft er sich Selbstbewusstsein und das Gefühl materieller Sicherheit.** Sein Sparen ist Fürsorglichkeit sich selbst gegenüber. Er stillt seine emotionalen Bedürfnisse.

Was dabei auf der Strecke bleibt, sind die emotionalen Bedürfnisse seiner Frau.

Wenn Sie feststellen, dass Ihre Frau das Schenken als Muttersprache der Liebe spricht, dann sollten Sie begreifen, dass alles, was Sie für Geschenke ausgeben, die allerbeste Investition ist. Sie investieren in Ihre Beziehung und Sie füllen den Liebestank der Frau, die Sie lieben. Mit einem Vorrat an Liebe ausgestattet, wird sie Ihnen etwas zurückerstatten können, und zwar in einer Liebessprache, die auch *Sie* verstehen. Das ist für beide Seiten ein Gewinn.

Wenn die emotionalen Bedürfnisse beider Partner gestillt werden, wird Ihre Ehe in eine ganz neue Dimension vordringen können. Mit der Investition in die Liebe zu Ihrer Frau erwerben Sie nur Vorzugsaktien.

Das perfekte Geschenk

Wir würden keine Tipps darauf verschwenden, so etwas Offensichtliches wie Schmuck als Geschenk zu nennen. Allerdings möchten wir schon gerne empfehlen, einen häufig außer Acht gelassenen Ast des „Schmuck-Geschenkebaums" zu erforschen, und zwar Halsketten und Armbänder mit Anhängern, sogenannte „Bettelarmbänder" oder „Bettelketten".

Die anfängliche Ausgabe für ein Armband oder eine Halskette kann nicht unerheblich sein, aber betrachten Sie es als Investition. Es sind die Anhänger, die das Schmuckstück schließlich zu einem idealen Geschenk machen. Sie sind relativ günstig, bieten eine breite Wahlmöglichkeit und gestatten Ihnen, Ihrer Frau immer mal wieder ein kleines, persönliches Geschenk zu machen. Nachdem Sie beispielsweise einen denkwürdigen Urlaub mit einer Bootstour verbracht haben, könnten Sie ihr einen Anker als Anhänger schenken. Nehmen

Sie an einem Tennis-Match für Paare teil, könnten Sie ihr hinterher einen Anhänger mit Tennisschlägern überreichen. Im Laufe der Zeit erzählen die Anhänger am Armband oder an der Kette die Geschichte Ihrer Beziehung – zur Freude Ihrer Frau.

Schenken Sie sich selbst

Für einige Dialekte des Schenkens ist ein immaterielles Geschenk wichtiger als jede Gabe, die wir überreichen können. Es ist das Geschenk der eigenen Person, das Geschenk der persönlichen Gegenwart. Da zu sein, wenn die Partnerin uns braucht, ist ein unmissverständliches Signal für alle, deren persönliche Liebessprache das Schenken ist.

Eine Frau sagte einmal zu mir: „Mein Mann liebt Fußball mehr als mich."

„Wie kommen Sie darauf?", fragte ich.

„Sogar als unser Kind geboren wurde, spielte er Fußball. Ich lag den ganzen Nachmittag im Krankenhaus, während er auf dem Spielfeld war."

„War er dann wenigstens bei der Geburt dabei?"

„Das schon. Er war gerade so lange da, bis das Baby geboren war. Dann zog er schon wieder los, um weiterzuspielen. Ich war fix und fertig. Es war doch ein so entscheidender Augenblick in unser beider Leben. Ich hätte mir gewünscht, ihn gemeinsam erleben zu können. Wenn Tony doch nur bei mir gewesen wäre."

Das „Baby" war inzwischen 15 Jahre alt, aber als die Frau, Sonja, mir von diesem Ereignis erzählte, war alles für sie gefühlsmäßig so gegenwärtig, als sei es erst gestern geschehen. Ich ließ nicht locker: „Sind Sie besonders durch *dieses* Ereignis auf den Gedanken gekommen, Tony liebe das Fußballspiel mehr als Sie?"

„Nein, es war nicht nur dieses Ereignis. Er spielte auch Fußball, als meine Mutter beerdigt wurde."

„Kam er denn überhaupt zur Beerdigung?"

„Ja. Er kam zwar zur Beerdigung, aber sie war kaum vorüber, da machte er sich schon wieder auf den Weg zum Fußball. Ich wollte es einfach nicht glauben. Meine Geschwister kamen noch mit zu uns nach Hause, aber mein Mann ging Fußball spielen."

Später fragte ich Tony, wie diese Ereignisse aus seiner Sicht aussahen. Er wusste gleich, wovon ich sprach. „Ich dachte mir schon, dass Sonja das wieder aufwärmen würde“, sagte er. „Ich war die ganze Zeit bei ihr, als sie ihre Wehen hatte und als das Baby geboren wurde. Ich habe Bilder gemacht. Ich war so glücklich und konnte es kaum abwarten, meinen Kumpels vom Verein davon zu erzählen. Es war wie eine kalte Dusche, als ich am Abend wieder ins Krankenhaus kam. Sie war so wütend auf mich. Ich wusste erst gar nicht, was sie wollte. Ich hatte gedacht, sie würde stolz auf mich sein, dass ich den andern gleich alles erzähle. Ja, und was den Tod ihrer Mutter betrifft, da hat sie wahrscheinlich verschwiegen, dass ich mir, bevor die Mutter starb, eine ganze Woche freigenommen hatte. Die ganze Woche über war ich mit ihr im Krankenhaus bei ihrer sterbenden Mutter gewesen. Auch im Haus meiner Schwiegermutter hatte ich geholfen, wo es ging. Nachdem sie gestorben war, hatte ich das Gefühl, alles getan zu haben, was zu tun war. Ich brauchte einfach eine Atempause. Ich spiele leidenschaftlich gerne Fußball. Und ich wusste, dass es mich entspannen und einiges von dem Stress abbauen würde, unter dem ich damals stand. Ich dachte, es wäre meiner Frau sogar recht, wenn ich einmal etwas anderes sehen würde. Ich war der Meinung, das getan zu haben, was für sie wichtig war, aber es war nicht genug. Sonja hat dafür gesorgt, dass ich diese zwei Tage wohl nie vergessen werde. Sie behauptet immer noch, Fußball sei mir wichtiger als sie. Das ist wirklich albern.“

Tony bemühte sich redlich, seiner Rolle als Ehemann gerecht zu werden, aber er begriff nicht, welche Aussagekraft die persönliche Gegenwart des Partners hat. Wichtiger als alles andere war für seine Frau Sonja damals Tonys Anwesenheit. **Sie können Ihrer Frau, die die Liebessprache des Schenkens spricht, kein größeres Geschenk machen, als in Krisenzeiten für sie da zu sein.** Ihre körperliche Anwesenheit wird zum Sinnbild Ihrer Liebe werden. Entziehen Sie dieses Symbol den Blicken Ihrer Frau, so wird sie Ihre Liebe nicht mehr spüren.

In der Seelsorge arbeiteten Tony und Sonja all die Verletzungen und Kränkungen gemeinsam auf. Am Ende war Sonja in der

Lage, Tony zu verzeihen. Und er begann zu begreifen, warum seine Anwesenheit damals so wichtig gewesen wäre.

Sie können derartige Seelenschmerzen und Jahre des Unmuts vermeiden, indem Sie auf die verbalen und nonverbalen Hinweise Ihrer Frau achten. Wenn Ihre Frau z. B. zu Ihnen sagt: „Ich hätte gerne, dass du heute Nachmittag bei mir bleibst", dann nehmen Sie diese Bitte ernst. Aus Ihrer Sicht mag es unwichtig erscheinen. Doch wenn Sie auf diese Bitte nicht eingehen, obwohl kein zwingender Grund vorliegt, es nicht zu tun, dann vermitteln Sie möglicherweise eine falsche Botschaft.

Die Bereitschaft, etwas zu schenken, gehört zum Kern der Liebe. Bei allen fünf Sprachen der Liebe geht es im Grunde darum, unserer Frau etwas zu schenken. Aber für manche ist die Aussagekraft eines *sichtbaren* Liebeserweises größer als alles andere.

Heraus mit der Sprache

Falls *Ihre* Muttersprache der Liebe das Schenken ist und *Ihnen* die Anwesenheit Ihrer Frau wichtig ist, dann besteht der erste Schritt darin, Ihre Gefühle in Worte zu fassen. Verlangen Sie nicht, dass Ihre Partnerin Ihre Gedanken liest. Legen Sie deutlich dar, was Ihnen wichtig ist. Geben Sie ihr die Chance, Ihre Liebessprache fließend sprechen zu lernen.

Aller Anfang ist schwer

Einmal angenommen, ein Mann sieht ein, dass Geschenke die Beziehung zu seiner Frau bereichern würden, hat aber noch keine Erfahrungen mit dem Schenken. Vielleicht wuchs er in armen Verhältnissen auf, wo es kaum je Geschenke gab. Vielleicht hat ihm das Einkaufen auch noch nie sonderlich gelegen, ob nun für sich selbst oder andere. Vielleicht ist seine eigene Liebessprache der Liebessprache des Schenkens diametral entgegengesetzt.

Wie kann solch ein Mann eine Liebessprache, die ihm derart fremd ist, fließend sprechen lernen?

Ein erster Anfang wäre es, wenn er sich eine Liste von allen Geschenken macht, über die sich seine Frau in der Vergangenheit anscheinend besonders gefreut hat. Das können Geschenke von ihm selbst sein oder Geschenke von Familie und Freunden. Eine solche Liste kann ihm Hinweise geben, welche Geschenke seine Frau gerne bekommen würde. Wenn er die Liste immer griffbereit hält und so oft wie möglich erweitert, kann er darauf zurückgreifen, wenn es ans Kaufen geht. Und wenn er sich wirklich gar nicht zutraut, selbst ein Geschenk auszusuchen, kann er sich ja Hilfe bei einem Familienmitglied holen, das seine Frau gut kennt.

SPRACHFÜHRER FÜR GESCHENKE

Man kann von niemandem erwarten, von heute auf morgen die Liebessprache der Geschenke zu meistern. Falls Sie eine Geschenkidee brauchen – und das ganz schnell –, dann versuchen Sie es doch erst einmal mit einem dieser altbewährten Vorschläge:

- **Nicht nur Weihnachten und Geburtstage sind Geschenkezeit.** Es gibt viele andere Gelegenheiten wie z. B. den Hochzeitstag, den Muttertag, oder einfach mal so ...

- Fotos sind kostengünstige Geschenke, die mit der Zeit an Wert gewinnen. Noch besser kommen sie zur Geltung, wenn man sie eine Weile sammelt und dann hübsch arrangiert verschenkt – **ein Album** von den Kindern, wie sie aufwachsen, oder eine Fotoserie mit Blumen aus dem Garten, wie sie übers Jahr geblüht haben.

- Denken Sie sich **kleine Geschenke aus, von denen Ihre Frau noch länger etwas hat**. Das könnte eine schöne Vogeltränke, Blumen oder Pflanzen für Terrasse und Garten, neues Zubehör für ihr Lieblingshobby oder Ähnliches sein.

- Schenken Sie Ihrer Frau einen **besonderen Tag**. Nehmen Sie sich frei, wenn auch sie frei hat, und sagen Sie ihr, dass Sie ihr ganz zur Verfügung stehen und sie über die Gestaltung des Tages bestimmen kann (auch, wenn das bedeutet, dass sie sich an diesem Tag nur Zeit für sich nehmen will).

- Halten Sie die Augen offen für **spontane, unerwartete Geschenke**. Schauen Sie sich bei Blumenhändlern am Straßenrand oder auf Flohmärkten um. Vielleicht hat die beste Eisdiele in Ihrer Stadt gerade eine neue, ausgefallene Eissorte. Wichtig ist nur, dass es etwas ist, was Ihre Frau gerne hat.

- Stöbert Ihre Frau gerne in **Boutiquen und Haushaltswarenläden**, dann lassen Sie sie das in Ruhe tun, ohne mit mürrischem Gesicht zur Eile zu mahnen.

- Falls sie eine Lieblingssendung im Fernsehen hat, machen Sie ihr ein Geschenk, was davon inspiriert ist. Sieht sie beispielsweise gerne Sendungen, bei denen es darum geht, wie man sein Zuhause verschönern kann, könnten Sie ihr ein Budget und die Hilfe eines Freundes anbieten, damit sie ein **Zimmer neu gestalten kann.**

- Sollten Sie eine künstlerische Ader haben, könnten Sie **eine Kohlezeichnung, ein Aquarell- oder Acrylbild von ihr anfertigen,** oder auch eine Büste aus Ton.

- Wenn ein größeres Ereignis bevorsteht (ein runder Geburtstag, ein Jubiläum), dann benachrichtigen Sie alte Freunde und Bekannte, mit denen sie schon länger keinen Kontakt mehr hatte, und bitten Sie diese, **kleine, gut gewählte Geschenke** mitzubringen, mit denen Ihre Frau dann an ihrem Ehrentag überhäuft werden kann.

- Lassen Sie **einen Stern auf den Namen Ihrer Frau registrieren.**

- **Kaufen Sie Aktien einer Firma**, die Ihre Frau gut findet, und lassen Sie sie den Aktienkurs eine Zeit lang verfolgen.

- Fertigen Sie **selbst gemachte Gutscheine** für bestimmte „Dienstleistungen“ an, die sich Ihre Frau häufig wünscht, beispielsweise Autowäsche, Botengänge oder eine Rückenmassage. Seien Sie bereit, die Einlösung der Gutscheine unbedingt zeitnah und gut gelaunt anzubieten.

- Wenn das Geld knapp ist, denken Sie sich **passende symbolhafte Geschenke** aus. Statt richtiger Flugtickets entwerfen Sie z. B. Fantasietickets. Träumen Sie dann miteinander, wohin die Reise gehen könnte und was Sie dort erleben würden, wenn Geld kein Thema wäre. Oder graben Sie alte Urlaubsfotos und Erinnerungen aus und freuen sich an vergangenen Erlebnissen.

- Schenken Sie der Partnerin **Ihre Anwesenheit und Unterstützung**, wenn es einmal hart auf hart kommt – wenn sie eine schwer kranke Freundin besucht, sich um ihre Eltern kümmert oder eine Krise an ihrem Arbeitsplatz meistern muss.

- Wenn Sie ein großes Geschenk vorbereitet haben, dann **steigern Sie die Vorfreude** bei ihr, indem Sie immer wieder kleine Hinweise geben. Zum Beispiel können Sie auf ein Blanko-Puzzle ein Bild von dem Geschenk malen und ihr nach und nach die Teile zum Zusammensetzen geben.

5

„HILFSBEREITSCHAFT“ FLIESSEND SPRECHEN LERNEN

(Sprache der Liebe Nr. 4)

André erhaschte einen Blick von sich im Badezimmerspiegel und schüttelte den Kopf. *Was für ein Anblick.* Auf seinen Knien vor der Toilette. Gummihandschuhe bis zu den Ellenbogen hochgezogen. Ein Reinigungsmittel in einer Hand, eine Scheuerbürste in der anderen.

Könnten ihn die Kumpel von seinem Rugby-Team doch jetzt nur sehen. Die würden Augen machen. Oder wenn sein *Vater* jetzt hier wäre!

Der war nämlich noch fest davon überzeugt, dass man die Aufgaben zu Hause streng nach Geschlecht trennen sollte. Der Mann mähte im Sommer den Rasen, schaufelte Schnee im Winter und erledigte die Reparaturen. Die Frau übernahm alles andere.

Mit einem Mal tat André sein alter Vater leid. Er hatte vermutlich nie erlebt, wie sehr es sich auszahlt, wenn man seine Frau mit einem Akt der Hilfsbereitschaft überrascht. André grinste, als er sich vorstellte, wie seine Frau wohl auf seine neueste Überraschungstat reagieren würde.

Wenn sie nach Hause kam, würde sie nicht nur ein makellos sauberes Badezimmer vorfinden, sondern auch einen neuen Duschvorhang, Badläufer, Handtücher und einen Toilettenpapierhalter – genau die Sachen, die sie ihm in einem Katalog gezeigt hatte (und dann irrtümlicherweise annahm, es hätte ihn nicht interessiert).

Natürlich würde sie vor Freude schreien. Ihre Hand vor Staunen vor ihren Mund halten. Jedes Detail bemerken und kommentieren, bis hin zum Zahnbürstenhalter, der nun nicht mehr mit ausgetrockneter Zahnpasta beschmiert war. Verlegen lachen, während Tränen ihre Wange hinunterkullerten. Ihre Arme um ihn schlingen und ihn lange und innig drücken. In sein Ohr flüstern, wie glücklich sie sei, mit so einem liebevollen, aufmerksamen, überraschenden ... *attraktiven* Mann verheiratet zu sein.

Plötzlich taten André alle Menschen leid, die nicht in diesen Gummihandschuhen steckten.

Ein hart erarbeitetes Happy End

Vielleicht denken Sie jetzt, André und seine Frau seien im „Liebessprachen-Himmel" bereits füreinander bestimmt gewesen. Und ja, heute genießen sie tatsächlich eine nahezu himmlische Liebe. Doch das war nicht immer so. André hat nicht gleich beim ersten Kennenlernen seiner Zukünftigen telepathisch ihre Vorliebe für hilfsbereite Männer erkannt. Er war nicht besonders sprachbegabt in Sachen Liebe – keiner, der die Sprache der Hilfsbereitschaft im Handumdrehen fließend sprechen konnte.

André und seine Frau erlebten Jahre des Zweifels und der Frustration, der Verärgerung und Verwirrung. Sie bemühten sich darum, eine Beziehung aufzubauen, in der jeder die Bedürfnisse des anderen kennt und sie zu erfüllen weiß. In ihren dunkelsten Stunden fragten sie sich, ob sie überhaupt zusammenpassten.

Selbst nachdem André die Liebessprache seiner Frau entdeckt hatte, fiel es ihm nicht leicht, Hilfsbereitschaft zu erlernen. Er wandte ein, dass das, was er bereits tat – das Auto auftanken, den Müll hinausbringen, den Löwenanteil des Familieneinkommens zu beschaffen –, doch schon als Hilfsbereitschaft gelten sollte. Er erwartete, dass seine Frau sich aufgrund dieser Dinge geliebt fühlen würde. Im Grunde wollte er, dass sie ihre Bedürfnisse seinen Lösungen anpasste. Er brauchte einige Zeit, um dahinterzukommen – und dann damit zurechtzukommen –, welche Taten der Hilfsbereitschaft ihr am meisten bedeuteten: Zum Beispiel das Badezimmer sauber zu machen.

André lernte langsam, aber stetig. Mit viel Geduld und Ausprobieren lernte er schließlich, die Sprache der Hilfsbereitschaft fließend sprechen zu lernen. Und das können Sie auch erreichen! Wenn Sie eine gute Sprachkenntnis erwerben möchten, brauchen Sie nur folgende drei Dinge zu berücksichtigen:

Eindruck machen
Initiative ergreifen
An Ihrer Einstellung arbeiten

Fehlt eines dieser Elemente oder ist es aus dem Lot geraten, werden Ihre Bemühungen, Ihrer Frau durch Ihre Hilfsbereitschaft Liebe zu signalisieren, falsch verstanden werden. Fangen wir damit an, wie Sie den richtigen Eindruck hinterlassen können.

Eindruck machen

Ich habe eine gute und eine schlechte Nachricht für Sie.

Die schlechte Nachricht ist, dass Sie sich ein ganzes langes Wochenende abschuften können – Laub zusammenrechen, den Rasen für den Winter vorbereiten, Wasserschläuche aufrollen und verstauen, das Auto winterfest machen, Weihnachtsschmuck vom Dachboden holen, Fenster und Türen abdichten, die Schneefräse startklar machen, Holzscheite für den Kamin kleinmachen –, ohne dadurch dem Liebestank Ihrer Frau auch nur einen einzigen Tropfen hinzuzufügen.

Wenn Sie bei Ihrer Frau einen guten Eindruck hinterlassen wollen, dann arbeiten Sie klüger, nicht härter.

Die gute Nachricht ist, dass Sie z. B. nur Folgendes tun müssen, um denselben Liebestank zum *Überlaufen* zu bringen: Ein Abendessen vom Chinesen mit nach Hause nehmen, danach schnell die Küche aufräumen und die Kinder ins Bett bringen, wenn Ihre Frau nach einem langen Tag müde ist oder noch etwas in ihrem Home-Office erledigen muss.

Bei der Sprache der Hilfsbereitschaft geht es nicht darum, wie viel Zeit man auf etwas verwendet oder wie viel Mühe es kostet. Es geht darum, wie effektiv Sie sind – welchen Eindruck Sie bei Ihrer Frau erzielen.

Ein Stürmer beim Fußball macht ständig Schießübungen. Immer und immer wieder trainiert er, sich richtig zu positionieren, den Ball anzunehmen und abzugeben, im Team zu arbeiten, andere Spieler auszutricksen und aus jeder Position heraus Zielgenauigkeit zu erlangen. Vielleicht schaut er sich jeden Abend Videoaufnahmen anderer Stürmer an, um von ihnen zu lernen.

Am Ende zählt für einen Stürmer jedoch nur eines: Bekommt er das Leder ins Tor? Wenn nicht, dann hat sich seine ganze Vorarbeit nicht ausgezahlt. Er muss da effektiv sein, wo es darauf ankommt.

André verstand das zunächst nicht. Er arbeitete doch so hart – nur leider auf falsche Weise, am falschen Ort. Und deswegen hinterließen seine Mühen bei seiner Frau keinen Eindruck. Ihr Liebestank blieb leer.

Wer stolz auf seine Arbeit ist, für den kann dieser Umstand eine ziemlich bittere Pille sein. Die meisten von uns sind so programmiert, dass wir uns gerne beweisen wollen – als Ehemann, Versorger und Fürsorger. Darüber hinaus ist es uns wichtig, dass unsere Arbeit einen Sinn hat. Außerdem möchten wir für unsere Mühen gerne die gebührende Anerkennung bekommen.

Um aber die Sprache der Hilfsbereitschaft fließend sprechen zu lernen, müssen wir diese Einstellung überdenken. Wir sollten uns an unserer Frau orientieren, um zu verstehen, welches Vorgehen am effektivsten ist. Wir müssen uns von ihr zeigen lassen, wie wir einen guten Eindruck hinterlassen können.

Zurück im alten Fahrwasser?

Viele Paare glauben, dass der andere die Sprache der Hilfsbereitschaft bereits fließend beherrscht, wenn sie heiraten. Sie gründen ihren Glauben auf die Art, wie sich ihr Partner vor der Ehe verhalten hat. Doch dann entdecken viele von ihnen: Was wir vor der Ehe füreinander tun, lässt noch nicht darauf schließen, was wir nach der Hochzeit noch füreinander tun werden.

Vor der Hochzeit werden wir vom Hochgefühl der jungen Liebe beherrscht, doch irgendwann nach der Hochzeit kehren wir auf den Boden der Tatsachen zurück. Wir werden uns wieder so verhalten, wie wir es vor der Phase unserer Verliebtheit getan haben. Aber gerade dann gilt es, sich eine neue Sprache der Liebe anzueignen.

Auf welche Weise fühlt sich Ihre Frau von Ihnen geschätzt? Wodurch können Sie ihr das Gefühl vermitteln, aufrichtig geliebt zu sein?

Die Antwort auf diese Fragen wird der Leitfaden Ihres Handelns sein. Vielleicht gibt Ihnen Ihre Frau die Antwort frei heraus, vielleicht aber auch nicht, je nach Persönlichkeit und der Art, wie Sie miteinander umgehen. Eventuell müssen Sie die Antwort aus ihr herauskitzeln, indem Sie ihr den aufrichtigen Wunsch vermitteln, ihr durch Hilfsbereitschaft Ihre Liebe zu zeigen.

Richten Sie Ihre Konzentration und Mühe auf das, was Ihrer Frau das Gefühl gibt, von Ihnen geschätzt und geliebt zu werden.

Sie können ihr auch vorschlagen, gerne eine „Schatz-mach-das“-Liste für Sie zu erstellen – vier oder fünf Taten der Hilfsbereitschaft, die ihr am meisten bedeuten. Die Liste kann z. B. eine Haushaltsarbeit beinhalten, die sie absolut nicht ausstehen kann, oder etwas, was sie entlastet und ihr mehr Zeit für sich selbst gibt, oder ein Projekt, von dem sie schon seit Jahren träumt.

Die Liste muss nicht umfassend sein. Sie ist nur als Anfang gedacht – als Momentaufnahme der derzeitigen emotionalen Bedürfnisse Ihrer Frau. Nutzen Sie sie als wertvollen Gedankenanstoß.

Initiative ergreifen

Nachdem Sie die Aufgabenliste Ihrer Frau erhalten haben, sollten Sie sich so schnell wie möglich einer ersten Aufgabe zuwenden. Es ist ganz wichtig, das nicht hinauszuschieben. Stellen Sie sich das wie einen Staffellauf vor, bei dem vier Läufer jeweils hundert Meter laufen. Die Staffelübergabe muss zügig und ohne Verzögerung erfolgen.

Ergreifen Sie die Initiative. Steigen Sie selbst in den Ring und nehmen Sie die To-Do-Liste in Angriff, statt sich von ihr angreifen zu lassen.

Nehmen Sie sich nicht vor, die Liste abzuarbeiten, wann immer Sie gerade die Muße dazu verspüren. Bei Beziehungen gilt das Gleiche wie im Geschäftswesen, beim Sport oder im Grunde in jedem anderen Lebensbereich: Gute Vorsätze bringen uns nicht weit. Gute Vorsätze zählen nur dann etwas, wenn sie konkret in die Tat umgesetzt werden, was der Partner dann sehen und erleben kann.

Das Wohlwollen, das Sie vielleicht in Ihrer Frau hervorgerufen haben, indem Sie sie zu ihrer Wunschliste ermutigten, wird sich im Nu verflüchtigen, wenn diese Liste unter einem Haufen Papierkram auf Ihrem Schreibtisch begraben wird. Ihre Frau soll Sie nicht erst an das erinnern müssen, was Sie eigentlich aus freien Stücken für sie tun wollten.

Das würde auf sie nicht wie eine liebevolle Haltung Ihrerseits wirken. Liebe muss immer frei gegeben werden. Sie kann nicht durch Forderungen, Bedrängen oder Überredung erzwungen werden.

Deswegen ist es so wichtig, dass Sie die Initiative ergreifen und sobald wie möglich den ersten Punkt auf der Aufgabenliste Ihrer Frau in Angriff nehmen. Damit zeigen Sie ihr, wie Sie sich auch in Zukunft verhalten wollen, und vermitteln ihr, wie wichtig Ihnen ihr emotionales Wohlbefinden ist.

Die logischste Vorgehensweise ist, die einfachste Aufgabe auf der Liste als Erstes zu erledigen. Wenn Eile geboten ist, kann das durchaus Sinn machen. Sollte Zeit jedoch *keine* Rolle spielen – sollte Ihnen das Nötige zur Verfügung stehen, was Sie brauchen, um auch aufwendigere Projekte zu wagen –, dann nehmen Sie als Erstes das in Angriff, was Ihrer Frau am meisten bedeutet. Das, was ihr ein besonderes Herzensanliegen ist.

Machen Sie sich an die Aufgabe und erledigen Sie es gut. Zeigen Sie Ihrer Frau *gute Resultate statt guter Absichten*. Wenn Sie den ersten Punkt auf der Liste erledigt haben, wenden Sie sich dem Rest der Liste zu.

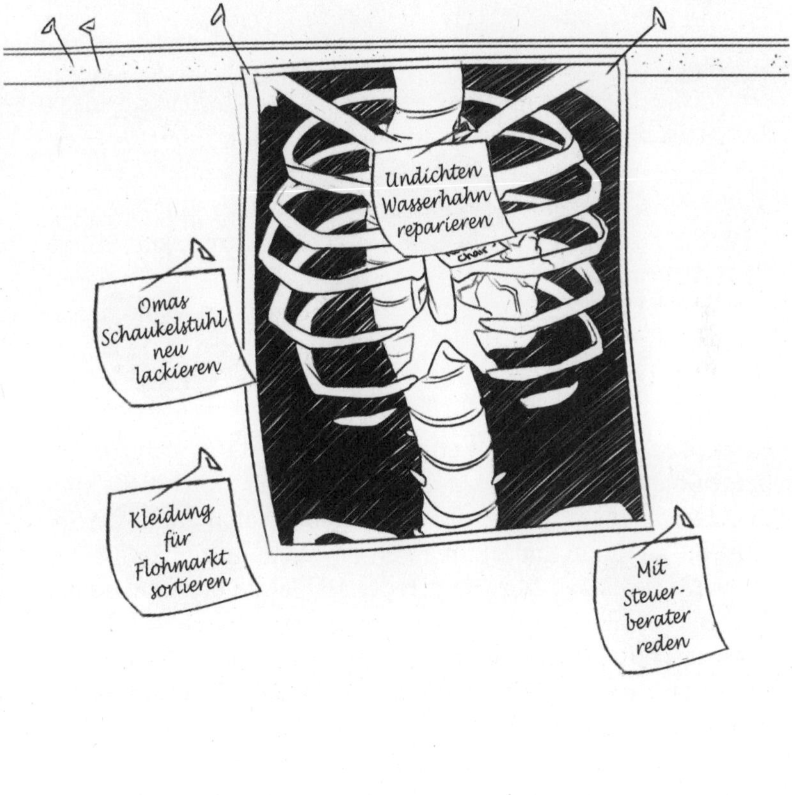

Leichter gesagt als getan, stimmt's? Besonders, wenn es so viele andere Dinge gibt, die im Wettstreit um Ihre Zeit, Aufmerksamkeit und Kraft liegen. Wollen Sie in Sachen Hilfsbereitschaft initiativ werden, dann wird es Ihnen helfen, ein „3D-Erlebnis" daraus zu machen – bestehend aus Drang, Disziplin und Dauer.

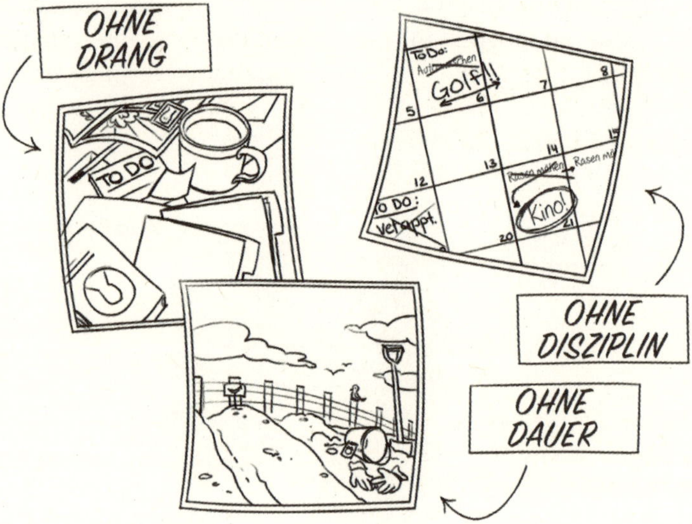

Beim „Drang" geht es um unsere Motivation. Um sich vor Augen zu halten, warum Sie Ihrer Frau mit Ihrer Hilfsbereitschaft dienen wollen, bringen Sie Ihr Lieblingsfoto von ihr samt der To-Do-Liste an Ihrem Badezimmerspiegel oder einer anderen Stelle an, wo Sie sie jeden Tag sehen. Jedes Mal, wenn Sie auf das Foto schauen, denken Sie daran, wie Sie dieser Frau durch Hilfsbereitschaft Ihre Liebe erweisen können, sei es nun durch eine Idee von ihrer Liste oder eine Überraschungstat, von der Sie wissen, dass sie ihr gefallen wird.

„Disziplin" bezieht sich auf die nötige Planung und Prioritätensetzung, um die aufwendigeren Projekte auf der Liste zu bewerkstelligen. Mehrere Hochbeete für den Garten lassen sich nicht innerhalb eines Tages bauen, aufstellen und füllen. Genau auf den Wandschrank zugeschnittene Regale lassen sich nicht innerhalb von ein, zwei Stunden nach Feierabend einbauen. Wer hilfsbereit sein will, muss in Kauf nehmen, seinen Terminkalender umzuschreiben, selbst wenn der bereits ziemlich voll ist. Hilfsbereitschaft kann erfordern, dass Sie Ihre eigenen Arbeiten oder Freizeitbeschäftigungen aufschieben – oder sogar opfern.

„Dauer" heißt, dass Sie zu Ende bringen, womit Sie anfangen. Bleiben Sie so lange dran, bis die Aufgabe erledigt ist und als Unterpfand Ihrer Liebe präsentiert werden kann. Dadurch verhindern Sie, dass das, was eigentlich als Erweis Ihrer Zuneigung gedacht war, unvollendet bleibt und Ihre Frau lediglich daran erinnert, dass Sie andere Prioritäten haben.

Denken Sie daran: Jede Verzögerung, jeder abgebrochene Versuch, hilfsbereit zu sein, vermittelt Ihrer Frau die deutliche Botschaft, dass es Ihnen nicht wichtig ist, ihre Liebessprache zu lernen.

An Ihrer Einstellung arbeiten

Genauso wichtig wie die eigentliche Hilfe ist die *Haltung*, mit der man sie anbietet. Mehr noch: Tut man das Richtige mit der falschen Einstellung, kann das mehr schaden als nützen. Wenn Ihre Frau von Ihnen zu spüren bekommt, dass Sie die Aufgabe nur widerwillig oder missmutig erledigen, fühlt sie sich dadurch ganz und gar nicht wertgeschätzt. Ihr wird dadurch nur das Gefühl vermittelt, sie sei eine Zumutung, eine Last, ein Fresser Ihrer Zeit und Kraft. Darin kommt keine Liebe zum Ausdruck.

Um wirklich den richtigen Eindruck zu hinterlassen, **muss Ihre Hilfsbereitschaft von Herzen kommen** und von der Freude getragen werden, Ihrer Frau etwas Gutes zu tun. **Bleiben Sie positiv**, selbst wenn eine Aufgabe völliges Neuland für Sie ist und Sie anfangs nicht gut damit zurechtkommen. Und **bleiben Sie demütig.** Ziehen Sie die Aufmerksamkeit durch das, was Sie tun, nicht auf sich selbst. Machen Sie nicht viel Wind darum, nachdem die Aufgabe erledigt ist. Spielen Sie sich nicht als Held auf. Denken Sie daran, um wen und was es dabei geht.

Wenn Hilfsbereitschaft Ihre Muttersprache der Liebe ist ...

Denken Sie daran, dass Liebe eine freie Entscheidung ist, die sich nicht erzwingen lässt. Man sollte sich das, was man braucht, nicht durch Kritik und Forderungen holen. Drangsaliert man seine Frau lange genug, gibt sie vielleicht irgendwann nach und tut, was der Partner von ihr verlangt. Doch mit Liebe hat das nichts zu tun.

Eine bessere Möglichkeit ist, Ihre Wünsche durch eine Bitte mitzuteilen: „Ich würde mich riesig freuen, wenn du dafür sorgen könntest, dass das Haus aufgeräumt ist ... wenn du die Post sortierst ... wenn du meine Mutter ab und zu anrufst." Liebesbereitschaft lässt sich bei einem anderen jedoch nicht erzeugen oder einfordern. Jeder von uns muss sich täglich selbst entscheiden, ob wir unseren Partner lieben wollen oder nicht.

Fußabtreter oder Gegenüber?

Von den fünf Sprachen der Liebe scheint „Hilfsbereitschaft" das größte Potenzial zum Missbrauch in sich zu tragen. Es ist durchaus möglich, dass eine Ehefrau, die nicht ganz so lautere Absichten hat, ihren Mann dazu bringen will, ihr jeden Wunsch zu erfüllen, und das alles unter dem Deckmäntelchen der Liebe.

Eine Frau, deren Mann so an ihr gehandelt hatte, erzählte mir einmal: „Ich habe ihm 20 Jahre lang gedient. Ich habe alles für ihn getan. Ich war sein Fußabtreter und er hat mich noch nicht einmal wahrgenommen. Er hat mich misshandelt und mich vor Freunden und Verwandten gedemütigt. Ich hasse ihn nicht. Ich wünsche ihm nichts Schlechtes, aber ich nehme es ihm übel, und nun möchte ich nicht mehr mit ihm leben."

Diese Frau hatte sich 20 Jahre lang ihrem Mann gegenüber äußerst hilfsbereit verhalten, doch es war keine Hilfsbereitschaft aus Liebe gewesen. Sie hatte aus Angst und Schuldgefühlen heraus gehandelt und mit Groll im Herzen. Wie viele wohlmeinende Männer und Frauen gibt es, die ähnliche Geschichten zu erzählen haben? Wie viele fühlen sich von ihrem Partner wie ein Fußabtreter behandelt?

Ein Fußabtreter ist ein lebloses Objekt. Man kann seine Schuhe darauf abstreifen, darauf herumtrampeln, ihn in die Ecke schleudern oder sonst etwas mit ihm anstellen. Er hat keinen eigenen Willen. Er wird Ihnen zwar dienen, aber ein Gegenüber wird er niemals sein.

Wenn wir unsere Ehefrau wie ein Objekt behandeln oder ihr das Gefühl geben, ein Fußabtreter für uns zu sein, dann werden wir nicht in den Genuss ihrer Liebe kommen. Wer mit Schuldgefühlen manipuliert („Wenn du eine gute Ehefrau wärst, würdest du das für mich tun!"), der spricht nicht die Sprache der Liebe. Zwang und Drohungen („Du tust das, oder es wird dir noch leidtun!") sind der Liebe fremd.

Ebenso gilt: Wenn das aufrichtige Bemühen des Mannes, durch seine Hilfsbereitschaft Liebe auszudrücken, bei seiner Frau regelmäßig auf Unzufriedenheit oder Gleichgültigkeit stößt, sollte man die Situation noch einmal überdenken.

Wie bereits erwähnt braucht es Zeit, eine Fremdsprache der Liebe fließend sprechen zu lernen. Fehler sind unvermeidlich. Nicht jede Idee, die man ausprobiert, funktioniert auch, besonders wenn Sie und Ihre Partnerin noch nicht auf der gleichen Wellenlänge sind.

Sollten Sie hingegen Ihrer Frau genau so helfen, wie sie sich das auch gewünscht hat, und trotzdem immer nur Kritik von ihr ernten oder überhaupt keine Reaktion erhalten – dann können Sie darauf wetten, dass Hilfsbereitschaft nicht die Liebessprache Ihrer Frau ist.

ACHTUNG!
SCHWIERIGER PFAD
Legen Sie Ihre guten Absichten
und anderes nutzloses Gepäck hier ab

SPRACHFÜHRER FÜR HILFSBEREITSCHAFT

Sie haben sich entschlossen, die Liebessprache der Hilfsbereitschaft fließend sprechen zu lernen, damit Sie Ihrer Frau Ihre Liebe erweisen können. Sollte Hilfsbereitschaft nicht Ihre Muttersprache sein, dann wird Ihnen manchmal die nötige Inspiration fehlen. Im Folgenden sind hier einige Tipps.

- Die meisten Männer werden es schon erlebt haben, dass ihre Frau in dem einen oder anderen Fall resigniert hat und nicht mehr um Erledigung einer bestimmten Aufgabe bittet. **Überraschen Sie sie und packen Sie es an!**

- **Wenn Ihre Frau ein Anliegen hat, erledigen Sie es gleich**, ohne dass sie Ihnen damit in den Ohren liegen muss.

- Nehmen Sie sich vor, eine Woche lang eine Stunde früher aufzustehen (oder eine Stunde später zu Bett zu gehen), um **besondere Hilfsdienste für Ihre Frau zu planen und auszuführen.**

- **Denken Sie sich etwas aus, womit Ihre Frau bestimmt nicht rechnet.** Gehen Sie mit dem Hund zum Tierarzt oder Hundefriseur. Räumen Sie den Keller auf, um Platz für den Papierkram aus dem Home-Office Ihrer Frau zu schaffen. Bringen Sie Ordnung in die Speisekammer oder die Küchenregale.

- **Kochen Sie gelegentlich** – aber bitte kein Fertiggericht! Und vergessen Sie das Gemüse nicht. Räumen Sie anschließend die Spülmaschine ein und säubern den Herd.

- **Überlegen Sie gemeinsam, welche Reparaturen längst überfällig sind.** Sind die Regenrinnen sauber, alle Zimmer renoviert? Tropft kein Hahn mehr?

- **Überlegen Sie, worüber sich Ihre Frau regelmäßig beschwert**, und nehmen Sie sich vor, nicht mehr so viele Klagen auflaufen zu lassen.

- **Halten Sie sich gerade in Krisenzeiten für alle möglichen Handreichungen und Gefälligkeiten bereit** (wenn zum Beispiel ein Elternteil, ein guter Freund oder ein geliebtes Haustier verstorben ist). Unterstützung in solchen Zeiten ist ein besonderer Liebesdienst.

- Kündigen Sie nicht immer alles an, was Sie für Ihre Frau erledigen wollen, sondern **überraschen Sie sie** damit. Manchmal ist es spannend, darauf zu warten, wann sie es entdeckt.

- Wenn Ihre Frau jeden Morgen in großer Eile ist, **können Sie sich überlegen, wie Sie sie entlasten, damit sie etwas „Luft" bekommt**. Organisieren Sie Ihre eigene Morgentoilette anders, damit sie mehr Zeit im Bad hat. Oder streichen Sie den Kindern die Schulbrote und kochen den Kaffee.

- Überlegen Sie, welche handwerklichen Fähigkeiten Ihre Freunde besitzen, mit denen Sie Ihrer Frau nicht dienen können. Bitten Sie ihre Freunde, mit ihnen zusammen ein Projekt zu bearbeiten, an dem Ihrer Frau viel liegt.

- Falls Ihre Frau so viel Freude an dem hat, was Sie für sie tun, könnten Sie auch **gemeinsam Bekannten oder Freunden etwas Gutes tun**. (Sie werden sehen, das schafft im Handumdrehen ein Gemeinschaftsgefühl zwischen Ihnen.)

- **Überlegen Sie, wie Sie sich für jemanden (oder etwas) einsetzen können, der (oder das) Ihrer Frau besonders am Herzen liegt**, sei es nun ein Freund, ein Familienmitglied, ein Kirchenmitglied oder z. B. ein bestimmtes Hilfsprojekt.

- Wenn Ihre Frau sich gerade ihre Lieblingssendung im Fernsehen anschaut, **sollten Sie Störungen von ihr fernhalten** – Telefonanrufe entgegennehmen, den Streit der Kinder schlichten etc.

- Sollten Sie einen Mann kennen, der dieses Buch auch liest, dann **tauschen Sie Ideen und Anregungen aus, damit Sie beide Ihre Frauen ganz neu überraschen können.**

6

„ZÄRTLICHKEIT“ FLIESSEND SPRECHEN LERNEN

(Sprache der Liebe Nr. 5)

Wie oft haben Sie als Kind:

Sich mit anderen Kindern in der Nachbarschaft gerauft?

Sich im Armdrücken mit Ihrem Vater gemessen?

Einen Wettbewerb im Fingerhakeln mit Ihrem Bruder veranstaltet?

In der Pause Fangen gespielt?

Kopfnüsse verteilt, den Finger angeleckt und einem anderen Jungen ins Ohr gesteckt, ihm die Haut am Unterarm verdreht oder an die Schulter geboxt?

Sich im Schwimmbad gegenseitig untergetaucht?

Bei vielen Jungen spielt körperliche Berührung in der Kindheit eine ganz große Rolle. Jungen können aus jeder Sportart oder Aktivität einen „Kontaktsport“ machen.

Mit der Zeit wird uns dann beigebracht, Distanz zu wahren und unsere Hände bei uns zu behalten. Abgesehen vom Händeschütteln, Abklatschen und dem gelegentlichen Umarmen ist der Umgang unter Erwachsenen größtenteils frei von körperlichem Kontakt. Wir berühren andere nicht und sie berühren uns nicht.

Teilweise hat diese erlernte körperliche Distanz auch Einzug in unsere Ehen gehalten.

Nach den Flitterwochen und der Anfangszeit, in der Paare nicht genug voneinander bekommen können, verfallen viele danach in ein Verhaltensmuster, das von zunehmender körperlicher Distanz geprägt ist. Die Anforderungen eines stressigen Alltags sowie mancherlei emotionale Probleme, die mit der Zeit auftreten können, halten Mann und Frau auf Abstand.

Für die meisten Paare stellt diese körperliche Distanz nicht unbedingt ein großes Problem dar. Ihr Liebestank wird durch Lob und Anerkennung, Zweisamkeit, Geschenke oder Hilfsbereitschaft gefüllt. Sie mögen Zärtlichkeit wertschätzen, aber sie brauchen sie nicht unbedingt, um sich geliebt und umsorgt zu fühlen. Ihr emotionales Wohlempfinden hängt nicht davon ab.

Dieses Kapitel ist aber den Paaren gewidmet, bei denen mindestens einer die Muttersprache der Zärtlichkeit spricht und unter deren Abwesenheit in der Beziehung leidet.

Die „Berührbaren"

Falls Ihre Frau eine Feinschmeckerin ist, dann haben Sie vielleicht schon mal von *Supertastern* („Superschmeckern") gehört, die Geschmacksrichtungen mit weitaus größerer Intensität wahrnehmen als die meisten anderen Menschen. Für Supertaster ist Zucker noch süßer, Salz noch salziger, Fett noch cremiger und Bittereres völlig unerträglich. Einige Supertaster können selbst die kleinsten Unterschiede im Fettprozentsatz von Milch und anderen Nahrungsmitteln wahrnehmen.

Ob *Supertasting* nun ein Segen oder ein Fluch ist, darüber lässt sich streiten. Positiv ist auf alle Fälle, dass Supertaster mit ihren Supergeschmacksnerven viele Zutaten in ihren Lieblingsspeisen herausschmecken und genießen können. Supertaster sind gute Gastronomiekritiker. Nicht so positiv ist es allerdings, dass Supertaster von bestimmten Nahrungsmitteln, die andere gerne haben, angewidert sind – zum Beispiel von gesundem, dunkelgrünem Gemüse.

Wenn Ihre Frau die Muttersprache der Zärtlichkeit spricht, ist sie auf dem Gebiet der körperlichen Berührungen äußerst sensibel. Sie kann Liebe und Zuneigung – wie auch andere Gefühle – schon in einem zarten Armdrücken oder Rückenstreicheln herausspüren. **Selbst leichter körperlicher Kontakt, den die meisten Menschen kaum wahrnehmen, hat das Potenzial, sie glücklich zu machen, ihre Stimmung aufzuhellen, ihr den Tag zu versüßen und – am Wichtigsten – ihr das Gefühl zu vermitteln, geliebt und umsorgt zu sein.**

Die Intensität taktiler Erfahrung spielt für eine Frau, deren Muttersprache die Zärtlichkeit ist, eine große Rolle in ihren Beziehungen. Je näher sie einer Person steht, sei es einem Freund oder Familienmitglied, umso mehr möchte sie in Berührung mit dieser Person sein – eine dicke Umarmung vom Bruder, ein Kuss auf die Wange von ihrer Mutter, untergehakt mit der besten Freundin spazieren gehen. Anders herum **kann es großen Seelenschmerz und Besorgnis bei ihr erregen, wenn die Menschen in ihrem unmittelbaren Umfeld ihr die körperliche Berührung vorenthalten.**

Für sie kann Zärtlichkeit entscheidend für die gesamte Beziehung sein. Körperliche Berührung kann Liebe oder Hass ausdrücken. Ein Schlag ins Gesicht ist für jeden ein Schock, doch für jemanden, dessen Muttersprache die Zärtlichkeit ist, wäre so etwas verheerend. Eine zärtliche Umarmung vermittelt den meisten Menschen Liebe und Zuneigung, doch für Menschen, deren Muttersprache die Zärtlichkeit ist, schreit sie förmlich vor Liebe.

Das, was in der Person dabei vorgeht, könnte man ungefähr so beschreiben: *Mein Ich wohnt in meinem Körper. Wer meinen Körper berührt, der berührt mich im tiefsten Inneren. Wer sich von meinem Körper zurückzieht, der zieht sich seelisch auch von mir zurück.*

Selbst Menschen mit anderen Muttersprachen der Liebe können diese Denkart zumindest ein Stück weit nachvollziehen. Ob wir uns dessen bewusst sind oder nicht, die meisten von uns halten sich an bestimmte körperliche Berührungen, die in unserer Kultur gängig sind. Wer davon abweicht, fällt unangenehm auf und erntet Missverständnis. Wie oft schütteln Sie Kunden, Kirchenmitgliedern, Sportkollegen oder flüchtigen Bekannten die Hand? In unserer Kultur ist das Händeschütteln eine Weise, wie man einem anderen Offenheit und Freundlichkeit signalisiert. Wenn Sie einem anderen die Hand hinhalten und derjenige nicht einschlägt, werden Sie vermutlich eines von drei Dingen annehmen:

Das ist ein total arroganter Typ.

Er hat kein Interesse daran, mich kennenzulernen.

Es steht schlecht um unser Miteinander.

Ihre Reaktion auf die Abfuhr hängt davon ab, *wer* Ihnen die Abfuhr erteilt. Wenn es nur ein gegnerischer Spieler beim Fußball gewesen ist, machen Sie sich vermutlich nicht allzu viel daraus. Ist es hingegen Ihr Chef, kommt vielleicht Panik in Ihnen auf und Sie fragen sich, was Sie falsch gemacht haben und wann die Kündigung auf Ihrem Tisch liegt.

So ähnlich ist es für die Frau, deren Muttersprache der Liebe die Zärtlichkeit ist. **Bleibt die Zärtlichkeit aus, nimmt sie es persönlich.** Sie kann ihr Selbstwertgefühl verlieren. Sie kann sich Sorgen machen, wie es um ihre Freundschaften und Beziehungen bestellt ist. Sie kann sich einsam fühlen, selbst wenn sie von Freunden und Familie umgeben ist.

Als Ihr Ehemann, der ihre Hauptquelle für Liebe und Bestätigung ist, haben Sie die Verantwortung, ihr die ersehnte Zärtlichkeit zu geben. **Einige fühlen sich dadurch unter Druck gesetzt. Doch sehen Sie es lieber als positive Herausforderung an – und als Chance.**

Eine Bestandsaufnahme

Falls Ihre Kinder (oder die Freunde Ihrer Kinder oder Nichten und Neffen) in einem Sportverein sind, in dem sie ernsthaft trainieren, werden sie vielleicht am Anfang der Saison auf ihre Grundfähigkeiten überprüft, um später eine mögliche Gehirnerschütterung besser beurteilen zu können. Gemessen werden die Reaktionszeiten, das Gedächtnisvermögen und geistige Schnelligkeit. Die computergenerierten Testergebnisse zeigen, wozu genau das Gehirn im gesunden Zustand in der Lage ist.

Wenn der junge Sportler dann im Laufe der Saison eine Gehirnerschütterung erleidet, können Ärzte noch einmal den gleichen Test durchführen und mit den Testergebnissen vom Anfang vergleichen. Der Vergleich zeigt auf, wo ein möglicher Schaden entstanden ist, den man dann entsprechend behandeln kann.

Ein ähnliches Prinzip lässt sich anwenden, wenn es darum geht, die Liebessprache Ihrer Frau zu erlernen. Wenn es Ihnen ernst damit ist, die Sprache der Zärtlichkeit fließend sprechen zu lernen, wäre es vielleicht ratsam, eine „Bestandsaufnahme“ Ihrer derzeitigen körperlichen Beziehung zu Ihrer Frau zu machen.

Nehmen Sie sich am Ende eines typischen Wochentags, nachdem sich Ihre Frau schlafen gelegt hat, kurz Zeit, um noch einmal Revue passieren zu lassen, in welcher Weise Sie sich um einen körperlichen Ausdruck Ihrer Liebe zu ihr bemüht haben. Schreiben Sie sich die „Ergebnisse“ auf. Wie oft haben Sie z. B.:

Ihre Frau geküsst
sie umarmt
ihre Hand gehalten
Ihren Arm um sie gelegt
unter dem Tisch gefüßelt
sie um die Taille gefasst
sie gekitzelt
mit ihren Haaren gespielt
ihr sanft über den Rücken gestreichelt
ihr in anderer Form eine bedeutungsvolle, bewusst eingesetzte, zärtliche Berührung zuteilwerden lassen?

Seien Sie ehrlich mit sich selbst, wenn Sie die Ergebnisse aufschreiben. Widerstehen Sie der Versuchung, zu übertreiben, um sich selbst besser darzustellen. Denken Sie daran, dass diese Liste ein gutes „Tool“ für eine Bestandsaufnahme ist und Vergleichspunkte für die Zukunft liefern soll. Davon abgesehen muss ja niemand außer Ihnen die Liste zu Gesicht bekommen.

Haben Sie erst einmal eine klare Vorstellung davon, wie viel Zärtlichkeit Sie Ihrer Frau an einem normalen Tag schenken, überlegen Sie sich, in welchen Bereichen Sie sich noch bessern könnten. Sollte Ihnen beispielsweise auffallen, dass es ein, zwei Arten der Berührung gibt, die Sie immer wiederholen, könnten Sie einmal andere Formen der zärtlichen Zuwendung ausprobieren. Setzen Sie sich Ziele und dann planen Sie Ihre „Strategie“.

Steht Ihre Strategie erst einmal fest, tragen Sie sich in Ihrem Kalender einige Tage ein, an denen Sie Ihren Fortschritt messen wollen. Vergleichen Sie die Ergebnisse mit Ihrer ursprünglichen Bestandsaufnahme, um zu sehen, wo Sie sich bereits gebessert haben und wo noch „Luft nach oben“ ist.

Angenehme Berührungen

Anatomisch gesehen mag Zärtlichkeit die leichteste Liebessprache sein. Da unsere Tastrezeptoren über den ganzen Körper verteilt sind, kann eine liebevolle Berührung fast überall als Ausdruck von Zuneigung empfunden werden.

Theoretisch.

In Wirklichkeit **können Berührungen ganz unterschiedliche Empfindungen auslösen.** Einige Berührungen werden als angenehmer empfunden, andere als weniger angenehm. Der beste Ratgeber ist dabei immer noch Ihre Frau. Sie weiß am ehesten, durch welche Berührungen Sie Ihre Liebe zum Ausdruck bringen können. **Bestehen Sie nicht darauf, Ihre Partnerin so zu berühren, wie Sie es mögen würden. Und bestimmen Sie nicht den Zeitpunkt für sie.**

Ihnen stehen nur die Berührungen zur Auswahl, die Ihrer Frau Freude bereiten.

Ob es Ihnen nun passt oder nicht, manche Berührung ist für Ihre Frau vielleicht sogar unangenehm oder peinlich. Wer trotzdem damit fortfährt, bringt alles andere als Liebe zum Ausdruck. Dadurch wird eher deutlich, dass Sie nicht sensibel genug auf die Bedürfnisse Ihrer Frau reagieren und sich wenig darum kümmern, was ihr Freude macht. **Machen Sie nicht den Fehler, einfach davon auszugehen, dass alles, was Ihnen Freude bereitet, auch Ihrer Partnerin Spaß macht.**

Es gibt Zärtlichkeiten, die wir bewusst austauschen und die unsere ganze Aufmerksamkeit fordern. Vorspiel und Geschlechtsverkehr sind da klassische Beispiele (mehr dazu später), oder auch eine sinnliche Rückenmassage. Erotische Zärtlichkeiten brauchen Zeit, nicht nur die Zärtlichkeiten an sich, sondern auch die Vorbereitung und das Wissen, wie man auf diese Weise seiner Partnerin Liebe vermitteln kann. **Wenn die Rückenmassage für Ihre Partnerin ein eindeutiges Ausdrucksmittel der Liebe ist, dann lohnt es sich, dass Sie eine gute Massagetechnik erlernen.**

Andere Zärtlichkeiten geschehen eher unbewusst und erfordern nur einen Augenblick, beispielsweise, wenn man die Hand auf die Schulter seiner Frau legt, während man sich den Kaffee eingießt, oder ihren Körper in der Küche beim Vorübergehen streift.

Die kleinen Zärtlichkeiten des Alltags erfordern zwar nicht viel Zeit, aber Gedanken sollte man sich schon darüber machen. Besonders dann, wenn Zärtlichkeiten nicht zu Ihrer eigenen Liebessprache gehören und Sie in einer Familie aufgewachsen sind, in der liebevolle Berührungen nicht gerade an der Tagesordnung waren. Wenn Sie nebeneinander auf dem Sofa sitzen und Ihr Lieblingsprogramm im Fernsehen anschauen, dann können Sie ganz nebenbei durch Zärtlichkeiten Ihre Liebe sprechen lassen. Auch kostet es Sie nur einen Augenblick, Ihrer Partnerin im Vorübergehen eine freundliche Berührung zu schenken. Jeder kurze Kuss und jede flüchtige Umarmung beim Kommen und Gehen spricht Bände, wenn es zärtlich gemeint ist.

Haben Sie erst einmal herausbekommen, dass Zärtlichkeiten zur Liebessprache Ihrer Frau gehören, dann können Sie Ihrer Fantasie freien Lauf lassen. Sich neue Zärtlichkeiten und ungewohnte Orte dafür auszudenken, das kann Ihre Beziehung spannend machen.

Wenn Sie es z. B. nicht gewohnt sind, heimlich unterm Tisch zärtliche Bande zu knüpfen, dann kann ein Versuch beim nächsten Abendessen im Restaurant die nötige Würze liefern.

Wenn Sie es nicht gewohnt sind, in der Öffentlichkeit Hand in Hand zu gehen, kann ein Spaziergang, bei dem Sie sich an den Händen fassen, ein Liebesbeweis für Ihre Frau sein.

Sollten Sie ihr vor Fahrtbeginn im Auto normalerweise keinen Kuss geben, dann sollten Sie es einmal ausprobieren. Vielleicht wird dann die Fahrt noch einmal so schön.

Eine Umarmung, bevor Ihre Frau zum Einkaufen geht, ist nicht nur ein Zeichen von Zuneigung, sie bringt sie auch schneller wieder nach Hause.

Probieren Sie auch einmal, ungewohnte Zärtlichkeiten an ungewohnten Orten auszutauschen. Achten Sie dabei immer auf die Reaktionen Ihrer Partnerin. Vergessen Sie nicht: Sie hat das letzte Wort. Schließlich wollen Sie ja *ihre* Sprache lernen.

Eine Kategorie für sich

Viele Männer mögen wahrscheinlich triumphierend schmunzeln, wenn sie entdecken, dass die eigene Frau die Liebe in erster Linie durch *Zärtlichkeit* erlebt. Da hat man ja das große Los der Liebessprachen-Lotterie gezogen, oder? Denn Zärtlichkeit schließt doch auch Sex mit ein, nicht wahr? Richtig?

Vielleicht.

Nicht notwendigerweise.

Das hängt von Ihrer Frau ab.

Einige Frauen fühlen sich durch körperliche Intimität und das Liebesspiel vielleicht tatsächlich emotional erfüllt. Doch für andere Frauen gehört Sex in eine ganz andere Kategorie als andere Formen der Zärtlichkeit. In beiden Fällen sollte man nicht vergessen, um wessen Bedürfnisse es hier geht.

Zärtlichkeit ist kein Synonym für das Vorspiel.

Wenn Sie die Sprache der Zärtlichkeit fließend sprechen lernen wollen, dann nicht mit dem Ziel, Ihre eigenen Bedürfnisse zu stillen, sondern Ihrer Frau das Gefühl zu geben, aufrichtig geliebt zu sein. Wenn sie das Gefühl hat, dass Ihre körperlichen Annährungsversuche nichts anderes als ein Auftakt zum Sex sind – um sie in „die richtige Stimmung“ zu versetzen –, so kann es sein, dass ihr Ihre körperlichen Berührungen mit der Zeit unangenehm werden. Und Sie verlieren Ihre Glaubwürdigkeit.

Ihre Frau muss wissen, dass Sie es ehrlich mit ihr meinen, dass es Ihnen wirklich um sie geht. Sollte das erfordern, Sex aus dem Bereich der Liebessprachen herauszuhalten, dann ist das eben so. Sie und Ihre Frau können Ihr Sexualleben in einem anderen Rahmen ausleben.

Es gibt drei Punkte, die es über Zärtlichkeit und Sex hervorzuheben gilt. Der erste Punkt betrifft die Frage, welche Berührungen angebracht und welche unangebracht sind. Vergessen Sie nicht: **die Grenzen zieht Ihre Frau**. Wenn ihr etwas unangenehm ist, sollte sie sich frei fühlen, das zu sagen. Das hilft Ihnen, Ihre Zärtlichkeiten an ihre Bedürfnisse und Wünsche anzupassen. Ihre Gefühle müssen respektiert werden.

Zweitens bedeutet der Umstand, dass Zärtlichkeit für Ihre

Frau eine so bedeutsame Rolle spielt, dass **eheliche Untreue für sie verheerender ist** als für manche andere Frau. Die Fallakten der Eheberater sind voller Berichte über Männer und Frauen, die den mühsamen Kampf gegen das Trauma eines Seitensprungs aufgenommen haben. Dieses Trauma wirkt sich jedoch umso schlimmer aus, je eindeutiger der Partner die Liebessprache der körperlichen Berührungen spricht. Die Vorstellung, dass eine andere die Art von Liebesbezeugungen erhält, die ihr von ihrem Mann am meisten bedeuten, ist für eine Frau kaum zu ertragen. Durch solch ein Verhalten vonseiten des Ehemannes wird ihr Liebestank nicht nur völlig geleert, er wird zur Explosion gebracht. Einen solchen Schaden können nur massive Reparaturanstrengungen wieder einigermaßen richten.

Drittens: Falls die sexuelle Liebe tatsächlich der Hauptdialekt Ihrer Frau ist, dann lassen Sie sich durch nichts davon abhalten, der beste Liebhaber zu werden, der Sie sein können. Je mehr Sie über die Kunst des Liebesspiels lesen und mit ihrer Frau darüber ins Gespräch kommen, umso gekonnter werden Sie Ihre Liebe auf diese Art zum Ausdruck bringen können.

Dringend gebraucht

Wenn Zärtlichkeit schon unter normalen Umständen wichtig ist, so ist sie in Krisenzeiten absolut unentbehrlich. Selbst Menschen, deren Muttersprache der Liebe nicht die Zärtlichkeit ist, suchen instinktiv die Nähe des anderen, wenn sie Not, Verlust oder andere Krisenzeiten erleben. Je gravierender die Situation, umso stärker ist das Bedürfnis nach einer Umarmung oder liebenden Hand.

Das zeigt, wie wirkungsvoll der Körperkontakt als Kommunikator der Liebe ist. Wenn wir in Schwierigkeiten stecken, brauchen wir nichts so sehr wie das Gefühl, geliebt zu werden. Wir haben schwierige Lebenssituationen nicht in der Hand, aber wir können sie überstehen, wenn wir uns mitten in den Turbulenzen geliebt wissen.

In allen Ehen wird es irgendwann Krisen geben. Auf einige kann man sich vorbereiten, auf andere nicht. Dem Tod der Eltern kann man nicht entrinnen. Durch Autounfälle werden jedes Jahr Tausende getötet oder dauerhaft verletzt. Krankheiten drohen uns allen, ohne Ansehen der Person. Enttäuschungen sind ein Teil unseres Lebens. Deshalb können Sie auch Ihre Partnerin in Zeiten von Krisen am besten dadurch unterstützen, dass Sie ihr Ihre Liebe zeigen. Wenn Ihre Frau Zärtlichkeit als wichtigsten Liebesbeweis versteht, dann ist ihr bei Leid und Schmerz nichts wichtiger als eine Trost spendende Umarmung. Ihre Worte mögen wenig bewirken, aber Ihre Berührung wird Ihrer Frau das Gefühl geben, geborgen zu sein.

Gerade die Krisen bieten uns Gelegenheit, unsere Liebe unter Beweis zu stellen. Ihre zärtliche Zuwendung während einer Krisensituation wird Ihrer Frau noch lange im Gedächtnis bleiben, auch wenn die Krise längst überwunden ist. Zeigen Sie aber in solch einer Situation Ihrer Frau die kalte Schulter, so wird sie Ihnen das vielleicht niemals vergessen.

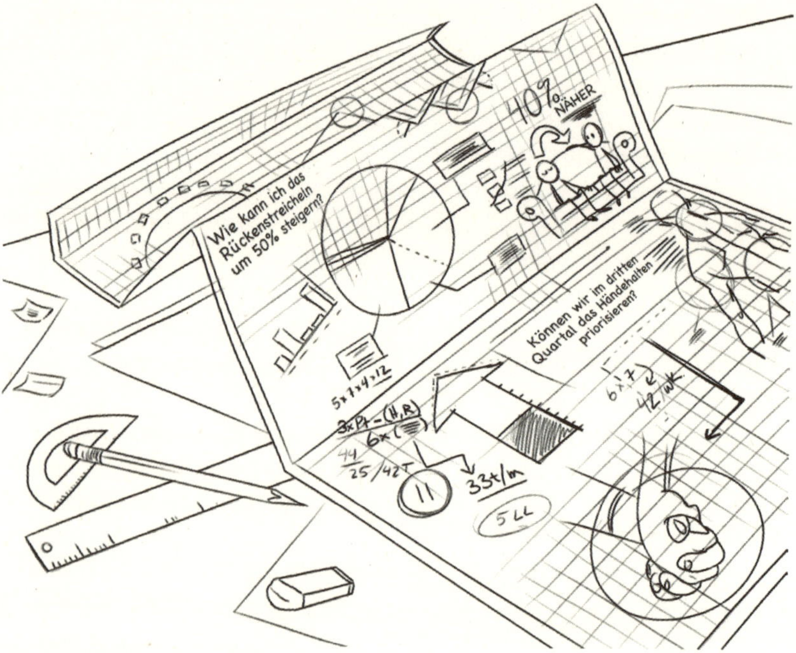

SPRACHFÜHRER FÜR ZÄRTLICHKEIT

Sehen Sie es als „Einsteigerpaket" – oder als Notfallkoffer –, um die Liebessprache der Zärtlichkeit zu kommunizieren. Falls Ihnen die Ideen ausgehen, wie Sie Ihrer Frau durch zärtliche Berührungen Ihre Liebe erweisen können, versuchen Sie es mit einem dieser Vorschläge:

- **Machen Sie es sich zur Gewohnheit, Ihre Frau zärtlich zu berühren.** Streichen Sie ihr durchs Haar, wenn sie im Sessel sitzt und liest. Oder umfassen Sie ihre Schultern, wenn sie in der Küche arbeitet. Bereits diese kleinen Gesten können persönliche Nähe herstellen.

- **Versäumen Sie es nicht, sie beim Abschied zu umarmen und ihr einen Kuss zu geben** – auch bei der Heimkehr oder wenn Sie zu Bett gehen. Besonders, wenn man schon länger verheiratet ist, schleicht sich hier eine gewisse Nachlässigkeit ein.

- Ändern Sie Ihre Gewohnheiten, um **die körperlichen Berührungsmöglichkeiten zwischen Ihnen und Ihrer Frau zu fördern.** Rücken Sie mal die Sessel dichter zusammen, damit Sie sich an den Händen fassen können, kuscheln Sie sich auf dem Sofa nebeneinander oder wechseln Sie die Seiten im Ehebett. Das fühlt sich ungewohnt an, aber die Fantasie wird angeregt, Neues auszuprobieren.

- Falls Sie sich normalerweise im Restaurant gegenübersitzen, sollten Sie beim nächsten Mal **nebeneinander sitzen** – oder genau umgekehrt. Füßeln Sie mal wieder heimlich unter dem Tisch!

- Setzen Sie einen romantischen Abend zum „Experimentieren" an, **um herauszufinden, welche Berührungen Ihre Frau am angenehmsten empfindet.** Während Sie ihren

Körper streicheln, lassen Sie sich von ihr Signale geben: Daumen hoch, Daumen nach unten – oder dazwischen. Merken Sie sich, was Ihre Frau am besten „bewertet".

- Holen Sie sich Tipps von Webseiten, Videos oder Büchern, die sich mit **Massagetechniken** befassen. Experimentieren Sie, um herauszufinden, welche davon Ihrer Frau am meisten zusagt.

- Denken Sie an die Zeit zurück, als Sie sich gerade kennenlernten. **Wie aufregend war es damals, sich zu berühren?** Und wie selbstverständlich nehmen Sie es heute? Wenn Sie das nächste Mal mit Ihrer Frau allein sind, können Sie ja einmal versuchen, das Feuer von damals wieder zu entfachen.

- Wenn Sie für Ihre Frau einkaufen gehen, **halten Sie Ausschau nach Dingen, die ihrer „taktilen" Natur entsprechen** – Dinge, die sich angenehm anfühlen, wie beispielsweise ein Pullover aus Kaschmirwolle, ein Handschmeichler, ein weicher Loop-Schal oder ein flauschiges Plaid.

- Wenn Ihre Partnerin krank ist, **denken Sie an die heilende Kraft der Zärtlichkeiten**. Hat sie Kopfschmerzen, dann massieren Sie ihr den Nacken oder die Schläfen. Ist sie erkältet, dann massieren Sie ihr die Stirn.

- Wenn Sie Kinder haben, zeigen Sie ihnen, wie sie ihrer Mama durch Berührung ihre Liebe erweisen können. Wenn Sie als Familie beten, halten Sie sich bei den Händen. **Ermuntern Sie die Kleinen, mit liebevollen Umarmungen nicht zu geizen.** Machen Sie es ihnen vor, indem Sie selbst zärtlich mit Ihrer Frau umgehen. Die Kinder lernen am besten durch gute Vorbilder.

- Verwöhnen Sie Ihre Frau einmal, indem Sie **ausschließlich durch Zärtlichkeiten kommunizieren.** Sagen Sie nichts, sondern setzen Sie Ihre Gefühle für Ihre Frau in sanfte Berührungen um.

- Wenn sie im Bett liegt und Ihnen den Rücken zugewandt hat, **schreiben Sie mit dem Finger kurze liebevolle Botschaften darauf.** Lassen Sie Ihre Frau raten, was Sie geschrieben haben.

7

WELCHE SPRACHEN SPRECHEN SIE?

Vielleicht ist Ihnen ein Licht aufgegangen, als Sie zum ersten Mal einen Blick auf die Liste der fünf Sprachen der Liebe geworfen haben. Vielleicht haben Sie das Kapitel über Lob und Anerkennung oder Hilfsbereitschaft gelesen und gesagt: „Bingo! Das trifft mich genau!“ oder: „Das beschreibt *total* meine Frau.“

Vielleicht aber auch nicht.

Vielen Menschen fällt es gar nicht so leicht, eine Muttersprache der Liebe zu entdecken, sei es nun die eigene oder die des Partners. Anhaltspunkte sind nicht immer so offensichtlich, wie es zu wünschen wäre. Das sollte uns nicht überraschen. Immerhin sind wir ja komplexe Individuen. Wir haben unterschiedlichste Interessen. Wir sprechen auf alle möglichen Reize an. Es gibt keinen guten Grund, warum Menschen auf den ersten Blick aus uns schlau werden sollten.

Aufgrund dieser Komplexität gehen viele Paare von falschen Voraussetzungen aus, wenn es um die Liebessprachen geht. Wie viele Ehefrauen haben Schubladen voller Schmuck, Kuscheltiere, Spitzenunterwäsche und andere Geschenke, mit denen ihre Männer ihnen das Gefühl geben wollten, geliebt zu sein? Wie viele Ehemänner wurden von ihren Partnerinnen mit Lob und Anerkennung überschüttet und fühlen sich dennoch nicht geliebt? Wie viele Ehepartner hegen immer noch Groll, weil ihre Hilfsbereitschaft unbemerkt geblieben ist? Wie viele Männer oder Frauen wissen zwar zu „schätzen“, dass ihr Partner die Beziehung zu ihnen pflegen möchte, wünschen sich aber insgeheim, etwas mehr Zeit für sich allein oder Freunde zu haben oder nicht ständig berührt zu werden?

Die offizielle Liebessprache der Männer?

Ähnlich gibt es auch viele wohlmeinende Menschen, die sich selbst – und dem Partner – etwas vormachen, was ihre eigene Liebessprache betrifft. Männer sind in diesem Bereich besonders anfällig für Selbsttäuschung, und zwar aus einem ganz einfachen Grund.

SEX.

Die meisten Männer würden zugeben, dass Sex ihnen Spaß macht – riesigen Spaß. So viel Spaß sogar, dass sie daraus schließen, Zärtlichkeit müsse ihre Hauptliebessprache sein und das Liebesspiel ihr Dialekt. Klingt doch logisch, oder?

Ist es aber nicht unbedingt.

Wie Sie sich sicher noch vom Sexualkundeunterricht her erinnern, ist beim Mann der Sexualtrieb körperlich bedingt. Der Drang zum Geschlechtsverkehr wird durch die Produktion von Samenflüssigkeit in den Samenbläschen ausgelöst. Wenn diese voll sind, entsteht ganz einfach ein Drang zur Entleerung. Der Drang des Mannes zum Geschlechtsverkehr ist also in seinem Körper verwurzelt. Es hat nicht unbedingt etwas mit seiner Liebessprache zu tun.

Falls Sie sich nicht sicher sind, ob Zärtlichkeit Ihre Hauptliebessprache ist, überlegen Sie, wie wichtig Ihnen der körperliche Kontakt auch außerhalb des Schlafzimmers ist. Geben Ihnen Händehalten, Rückenmassagen und zärtliche Streicheleinheiten neue Kraft? Wenn nicht, ist Zärtlichkeit vermutlich nicht Ihre Liebessprache.

Der Sexualtrieb hat im Grunde wenig mit dem emotionalen Bedürfnis nach Liebe zu tun. Das heißt nicht, dass Geschlechtsverkehr für Menschen, die eine andere Liebessprache als die

Zärtlichkeit sprechen, unwichtig ist. Im Gegenteil, er ist extrem wichtig. Doch Geschlechtsverkehr allein gibt einem Mann nicht das Gefühl, geliebt zu sein. Dazu muss die Frau erst seine Muttersprache der Liebe sprechen.

Wenn beide die Liebessprache des andern verstehen und ihre Liebestanks gefüllt sind, wird die Sexualität in der Beziehung keiner besonderen Pflege bedürfen. Sexualprobleme in der Ehe entstehen selten, weil man irgendeine körperliche Technik nicht beherrscht, sondern fast immer, weil die Seele Mangel leidet.

Erkenne dich selbst

Welche Muttersprache der Liebe sprechen Sie also nun? Wodurch wird Ihnen am deutlichsten bewusst, dass Ihre Frau Sie liebt? Wonach sehnen Sie sich am meisten? Wenn Ihnen die Antwort nicht spontan einfällt, stellen Sie die Fragen umgekehrt.

Versuchen Sie sich zu erinnern, wie es ist, wenn Sie sich nicht geliebt fühlen. Was kränkt Sie ganz besonders an dem, was Ihre Partnerin sagt oder tut, beziehungsweise nicht sagt oder tut? Wenn Ihnen zum Beispiel die Kritik Ihrer Frau am meisten zu schaffen macht, dann ist wahrscheinlich Lob und Anerkennung Ihre persönliche Liebessprache.

Macht Sinn, oder? Wenn Ihre Partnerin das Gegenteil von dem tut, was Sie mit Ihrer Liebessprache ersehnen, dann wird es Sie besonders verletzen. Dadurch versäumt sie nicht nur, Ihre Muttersprache der Liebe zu sprechen, sondern setzt diese Sprache sogar als Waffe gegen Sie ein.

Wenn es Sie bekümmert, dass Ihre Frau Ihnen fast nie etwas schenkt, dann ist das Schenken wahrscheinlich Ihre persönliche Sprache der Liebe. Kränkt es Sie besonders, dass Ihre Partnerin so wenig Zeit mit Ihnen verbringt, dann ist die Zweisamkeit wahrscheinlich Ihre persönliche Liebessprache.

Eine weitere Möglichkeit, die eigene Sprache der Liebe herauszufinden, besteht darin, einen Blick auf vergangene Ehejahre zu werfen: „Worum habe ich meine Frau am häufigsten gebeten? Womit habe ich ihr in den Ohren gelegen?" Wenn Ihnen dazu etwas Konkretes einfällt, hat es wahrscheinlich mit Ihrer persönlichen Liebessprache zu tun. Vielleicht hat Ihre Partnerin diese wiederholten Bitten als Nörgelei empfunden. Doch sie waren in Wirklichkeit nur ein Ausdruck Ihrer Bemühungen, Liebeserweise vom Partner zu erhalten. Genauso weist das, was Ihre Frau am häufigsten von Ihnen verlangt, auf ihre Muttersprache der Liebe hin.

Sie können Ihrer eigenen Muttersprache der Liebe auch dadurch auf die Spur kommen, dass Sie sich überlegen, wie *Sie* meistens Ihrer Frau gegenüber Ihre Liebe zum Ausdruck bringen. Mit einiger Wahrscheinlichkeit werden Sie genau das für sie tun, was Sie sich selber wünschen. Wenn Sie für Ihre Partnerin ständig im Einsatz sind, dann ist möglicherweise (nicht notwendigerweise) Hilfsbereitschaft Ihre Sprache der Liebe. Wenn Sie durch Lob und Anerkennung Liebe erfahren, werden Sie Ihrerseits mit einiger Wahrscheinlichkeit Ihrer Frau gerne mit Worten Ihre Liebe vermitteln. Sie können also Ihre persönliche Liebessprache finden, indem

Sie sich fragen: „Was tue *ich* ganz bewusst, um meiner Partnerin zu zeigen, dass ich sie liebe?“

Denken Sie daran, dass dies zwar ein *Hinweis* auf Ihre Muttersprache der Liebe sein kann, ein sicherer Indikator ist es aber nicht. Vielleicht hat ein Mann das Vorbild seines Vaters vor Augen, der seiner Frau als Liebesbeweis regelmäßig kleine Geschenke mitgebracht hat. Nun tut er dasselbe, ohne dass es notwendigerweise seiner persönlichen Liebessprache entspricht. Er verhält sich nur dem Vorbild des Vaters entsprechend.

Bitten ernst nehmen

„Wenn ich auf die letzten zehn Jahre meiner Ehe zurückblicke und mich frage, was ich mir am häufigsten von Peter erbeten habe, dann ist meine Liebessprache geradezu offensichtlich. Am meisten habe ich um gemeinsame Zeit gebeten. Immer und immer wieder habe ich ihn gefragt, ob wir ein Picknick machen, ein Wochenende zusammen wegfahren, den Fernseher mal eine halbe Stunde abschalten und miteinander reden oder gemeinsam spazieren gehen können, und vieles mehr. Ich habe mich vernachlässigt und ungeliebt gefühlt, weil er selten auf meine Bitten eingegangen ist. Stattdessen hat er mir nette Geschenke zu meinem Geburtstag und zu anderen besonderen Anlässen gemacht und sich gefragt, warum ich so wenig Begeisterung darüber zeigte.“
– Elizabeth

Kritik als Wegweiser

Ehepartner neigen dazu, ihr Gegenüber in dem Bereich am heftigsten zu kritisieren, wo für sie emotional der größte Mangel herrscht. Ihre Kritik ist ein Flehen nach Liebe, wenn auch häufig ein nicht so effektives. Verstehen wir das, können wir die vorgebrachte Kritik sogar positiv auswerten.
Wenn Ihre Frau Sie gerade heftig kritisiert hat, können Sie ihr sagen: „Das muss sehr wichtig für dich sein. Erkläre mir doch,

worauf es dir ankommt." Kritik bedarf oft der Erläuterung. Wenn man in dieser Situation ein Gespräch in Gang bringt, kann aus der Kritik oder der Forderung eine Bitte werden.
Angenommen, Kristina beklagt sich bei ihrem Mann Jeff ständig über dessen Jagdleidenschaft, die aber seine Lieblingsfreizeitbeschäftigung ist. Sie weiß, dass es ihn entspannt und ihm dringend benötigte Zeit in der freien Natur und mit seinen Freunden ermöglicht. Trotzdem beschwert sie sich bei jeder Gelegenheit darüber. Sie übertreibt damit, wie viel Zeit er angeblich mit dem Jagen verbringt. Sie beklagt, dass er ihr nie so viel Zeit widme.
In Wirklichkeit sind diese Klagen nicht unbedingt ein Ausdruck von Abneigung gegen den Jagdsport als solchen. Für Kristina mag die Jagd nur der Grund sein, der Jeff davon abhält, das Auto zu waschen, den Teppich zu saugen und den Rasen zu mähen. Wenn Jeff lernt, ihrem Bedürfnis nach Liebe durch die richtige „Sprache" entgegenzukommen (nämlich Hilfsbereitschaft), kann sie auch eher seine Freude am Jagen stehen lassen.

Kopf-an-Kopf-Rennen

Falls Ihnen zwei Muttersprachen gleich wichtig erscheinen – wenn sie Sie beide gleichermaßen ansprechen –, dann sind Sie möglicherweise zweisprachig. Damit würden Sie natürlich Ihrer Partnerin die Sache erleichtern. Sie hat nun die Wahl. Mit der Art, die ihr mehr liegt, kann sie Ihnen unmissverständlich ihre Liebe zeigen.

Für den Fall, dass Sie gerne den anscheinend vorhandenen Gleichstand aufheben möchten – oder Ihre Muttersprache noch besser verstehen wollen –, haben Sie die Möglichkeit, den Liebessprachentest am Ende dieses Buches zu machen. Überlegen Sie Ihre Antworten genau. Wenn Sie fertig sind, besprechen Sie die Ergebnisse mit Ihrer Frau. Erkennt sie diese Liebessprache in Ihnen?

Und dann lassen Sie auch sie den Test machen!

Falls jedoch auch der Test keine eindeutige Antwort liefert, geben Sie nicht auf. Ich habe festgestellt, dass es zwei Arten von Menschen schwerfällt, ihre persönliche Liebessprache zu identifizieren. Das sind einmal die Männer, deren Liebestank schon seit Langem voll ist. Ihre Frauen haben ihnen auf mannigfaltige Weise Liebe erwiesen, sodass sie gar nicht sagen können, wodurch sie die Liebe am deutlichsten erfahren. Die armen Kerle. Hätten wir alle doch nur solche Probleme!

Auf der anderen Seite gibt es die Menschen, deren Liebestank schon so lange leer ist, dass sie gar nicht mehr wissen, was als Liebesbeweis zu ihnen sprechen würde. Die Umstände, die zu so einem bemitleidenswerten Zustand führen, unterscheiden sich von Person zu Person. Was diese Menschen gemeinsam haben, ist jedoch, dass ihr Zustand nicht von Dauer sein muss. Liebessprachen verschwinden nicht einfach; sie schlummern nur vor sich hin, bis sie wieder neu entdeckt werden.

Am besten entdeckt man seine Liebessprache wieder neu, indem man seine Erinnerungen heranzieht und sich überlegt, wie es am Anfang der Partnerschaft war. Fragen Sie sich: „Was habe ich an meiner Partnerin damals am meisten geschätzt? Was hat sie getan und geäußert, dass ich so gerne mit ihr zusammen war?“ Wenn Sie sich solche Erinnerungen wieder ins Bewusstsein zurückrufen, werden Sie einige Hinweise darauf erhalten, welches Ihre Sprache der Liebe sein könnte.

In diesem Sinne würde ich Ihnen gerne nahelegen, sich etwas Zeit zu nehmen und aufzuschreiben, was Ihrer Meinung nach Ihre Muttersprache der Liebe sein könnte. Dann listen Sie die anderen Liebesprachen nach ihrer Wichtigkeit für Sie auf. Notieren Sie sich auch, was Sie für die Muttersprache der Liebe Ihrer Frau halten. (Auch für sie können Sie die vier anderen nach ihrer Wichtigkeit auflisten, wenn Sie das wollen.) Bitten Sie Ihre Frau, das Gleiche zu tun. Setzen Sie sich zusammen und reden Sie darüber, was Sie für die Muttersprache der Liebe des anderen gehalten haben. Dann verraten Sie dem anderen, was Ihrer Meinung nach Ihre eigene Muttersprache der Liebe ist.

Eines der besten Mittel, Ihre Resultate zu überprüfen, ist mithilfe eines Spiels, das wir mal „Tankanzeigen-Spiel“ nennen wollen.

DAS TANKANZEIGEN-SPIEL

Anzahl der Spieler: Zwei (Sie und Ihre Frau)

Häufigkeit: Drei Wochen lang dreimal die Woche

Spielanleitung: Wenn Sie abends beide zu Hause sind, fängt Ihre Frau das Spiel an, indem sie fragt: „Auf einer Skala von 0 bis 10, wie voll ist dein Liebestank heute?" Null bedeutet leer; zehn bedeutet: „Ich bin so proppenvoll mit Liebe, dass ich gar keine mehr vertragen kann." Lesen Sie den Messwert an Ihrem emotionalen Liebestank ab: 10, 9, 8, 7, 6, 5, 4, 3, 2, 1 oder 0. Sagen Sie ihr, wie voll er ist.

Ihre Frau fragt: „Was kann ich tun, um ihn zu füllen?" Dann machen Sie einen Vorschlag – etwas, was Sie sich von Ihrer Frau noch am selben Abend wünschen. Sie erfüllt Ihre Bitte nach bestem Vermögen.

Dann stellen Sie Ihrer Frau dieselbe Frage, damit Sie beide die Gelegenheit haben, Ihren Liebestank abzulesen und Vorschläge zu machen, wie er gefüllt werden kann.

Nach drei Wochen werden Sie schnell süchtig nach dem Spiel werden. Es kann dann ohne Weiteres auch später noch ein spielerisches Mittel sein, um neue Ausdrucksformen der Liebe in Ihrer Ehe anzuregen.

Wie geht es nun weiter?

Wie an früherer Stelle bereits erwähnt, heiraten die meisten von uns einen Partner, der eine andere Muttersprache der Liebe spricht als man selbst. Sollte das auch bei Ihnen und Ihrer Frau der Fall sein, dann nehmen Sie sich etwas Zeit, um über Ihre Unterschiede zu sprechen.

Angenommen, Ihre Muttersprache der Liebe ist die Zärtlichkeit und die Ihrer Frau ist die Zweisamkeit. Was bedeutet das für Ihre Ehe? Beginnen Sie die Diskussion auf ganz praktischer Ebene. Zum einen bedeutet es, dass Ihre Frau sich am wohlsten dabei fühlt, Ihnen ihre Liebe zu zeigen, indem sie einfach Zeit mit Ihnen verbringt. Und es bedeutet, dass Sie sich am wohlsten dabei fühlen, Ihrer Frau durch Küsse, Umarmungen, Liebkosungen und Rückenmassagen Ihre Liebe zu erweisen.

Halten Sie an dieser Stelle des Gesprächs kurz inne.

Sie haben darüber gesprochen, wobei jeder sich am wohlsten fühlt. Leider hat das noch nicht die gewünschte Auswirkung auf den jeweils anderen. Um die Liebessprache Ihrer Frau fließend sprechen zu lernen, müssen Sie aus Ihrer Wohlfühlzone herauskommen. Und auch Ihre Frau muss wagen, etwas zu tun, was ihr zunächst vielleicht nicht so liegt.

Diesen Schritt zu unternehmen und die Bedürfnisse Ihrer Frau über Ihre eigene Bequemlichkeit zu stellen, ist an sich schon Liebe. Dadurch zeigen Sie Ihrer Frau, dass Sie unbedingt an Ihrer Beziehung arbeiten und sie verbessern wollen, ganz gleich, was es erfordert. Sie signalisieren, dass Sie ihr das Gefühl geben wollen, aufrichtig geliebt zu sein.

Auch wenn Ihre Frau mit ihrem eigenen Versuch, Ihre Liebessprache zu sprechen, zunächst nicht so erfolgreich ist – bewahren Sie sich die Bereitschaft, aus Ihrer Wohlfühlzone herauszukommen. Denn Ihre Frau tut dasselbe für Sie. Allein das hat schon Anerkennung und Dankbarkeit verdient.

Je mehr Freiraum und Verständnis Sie einander gewähren, während Sie sich beide bemühen, die Liebessprache des anderen zu erlernen, desto mehr Erfolg werden Sie schließlich haben.

Auf einen Blick: Ihre Liebessprache entdecken

Falls Sie gerade Zeit haben sollten, das ganze Kapitel zu lesen, haben wir hier die Schlüsselinformationen für Sie zusammengestellt. Um Ihre Muttersprache der Liebe zu identifizieren, stellen Sie sich drei Fragen:

1. Was kränkt Sie ganz besonders am Verhalten Ihrer Partnerin? Das Gegenteil davon ist wahrscheinlich Ihre persönliche Liebessprache.
2. Was erbitten Sie besonders häufig von Ihrer Partnerin? Das, was Sie am häufigsten erbitten, ist für Sie wahrscheinlich auch der unmissverständlichste Liebesbeweis.
3. Auf welche Weise bekunden Sie Ihrer Partnerin Ihre Liebe? Die Ausdrucksmittel, die Sie benutzen, würden wahrscheinlich auch Ihnen das Gefühl vermitteln, geliebt zu sein.

8

FEHLERBEHEBUNG

In einer idealen Welt würde jedes Paar die Liebessprache des anderen gleich beim ersten Kennenlernen entdecken. Während die Beziehung der beiden wächst, würden auch ihre Kommunikation und Wertschätzung füreinander wachsen. Ihr Bemühen, die Liebessprache des anderen fließend sprechen zu lernen, würde harmonisch mit der Phase des Verliebtseins einhergehen. Wenn die beiden dann schließlich heiraten, sind sie in den Sprachen der Liebe bereits zweisprachig.

Wie Ihnen aber vielleicht schon mal aufgefallen ist, leben wir nicht in einer idealen Welt. Wir leben in einer Welt, in der der FC Bayern München bis jetzt 25-mal Deutscher Fußballmeister geworden ist und Schalke 04 trotz seiner Erfolge vor der Gründung der Bundesliga und trotz seiner wiederholten Vizemeisterschaften bis jetzt noch kein einziges Mal die Meisterschaft errungen hat.

Doch nicht nur beim Fußball gibt es Misserfolge. Die Realität ist, dass viele Paare sich vom Gefühl der Romantik, Aufregung und Verliebtheit in die Ehe tragen lassen, ohne Gelegenheit gehabt zu haben, über die Liebessprache des anderen nachzudenken. Nach der Hochzeit lassen ihnen die Geschäftigkeit und der Alltagsdruck oft wenig Zeit oder Kraft, die Liebessprache des anderen zu erlernen. Also halten sie sich an die Liebessprache, die sie kennen, und hoffen auf das Beste.

Leider ist Hoffnung allein eine schlechte Verteidigung gegen all die Probleme, die auf das Paar warten:

Ärgernisse
Fehler
Frustration
Ängste
Unzufriedenheit
Langeweile
Unvereinbarkeiten
Versuchungen
Bedauern
Nöte

Mit der Zeit stellen Paare fest, dass es sie nicht weit bringt (wenn überhaupt irgendwohin), einfach am Althergebrachten festzuhalten. Ganz gleich, wie sehr sie sich auch bemühen, nie scheint es gut genug zu sein. Der Partner ist offenbar nicht zufriedenzustellen. Das Gefühl der Verliebtheit, das sie zum Altar getragen hatte, verflüchtigt sich und lässt zwei Menschen zurück, die dem blauäugigen Liebespaar auf ihren Hochzeitsfotos nur noch wenig ähneln.

Ob sie nun darüber sprechen oder nicht – Ehepaare, die eine Scheidung vermeiden und zusammenbleiben wollen, stehen trotzdem noch vor einer Entscheidung. **Eine erste Möglichkeit ist es, die Erwartungen herunterzuschrauben und den neuen Ist-Zustand zu akzeptieren.** Sie entscheiden sich vielleicht, mit den sinkenden Erträgen ihrer Beziehung zu leben und aus verschiedenen Gründen zusammenzubleiben:

Sie halten es den Kindern zuliebe eisern durch.

Verheiratet zu bleiben bereitet weniger Ärger und Kosten als eine Scheidung.

Sie *hassen* den anderen ja nicht, zumindest nicht so richtig.

Sie wollen die Ungewissheit einer großen Lebensveränderung vermeiden.

Eine zweite Möglichkeit ist es dagegen, herauszufinden, was in der Beziehung nicht stimmt, und dann an einer Verbes-

serung zu arbeiten; sich zu weigern, den Ist-Zustand zu akzeptieren; neue und kreative Wege zu finden, einander Liebe und Zuneigung zu vermitteln.

Eine schwierige Entscheidung treffen

Die zweite Möglichkeit ist besser, aber leichter ist sie keinesfalls – besonders wenn die Beziehung bereits Schaden erlitten hat. Natürlich macht jede Ehe Höhen und Tiefen durch, doch bei einigen sind die Höhen nicht ganz so hoch wie erhofft und die Täler erheblich tiefer und ausgedehnter, als sich das Paar je vorgestellt hatte.

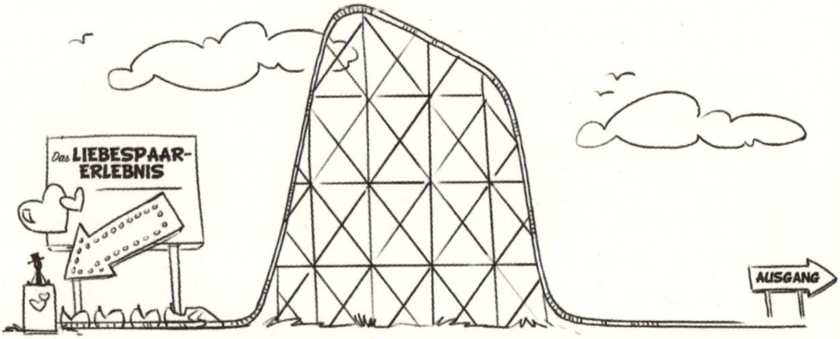

Mit der Zeit fordern diese Tiefen und Täler – und die Vorfälle und Umstände, die sie ausgelöst haben – ihren Tribut. **Vergangene Ärgernisse, Uneinigkeiten und Fehler werden zu Hindernissen für eine vertraute Beziehung.** Die Granatsplitter vergangener emotionaler Kriege können noch in den Ehepartnern stecken und sie schmerzen. Diese Verwundungen verhindern, dass die Partner ehrlich und aufrichtig miteinander reden oder die Kraft aufbringen, eine ungewohnte Liebessprache zu erlernen.

In Anbetracht ihrer vollkommen ausgetrockneten Liebestanks kann sich bei solchen Paaren leicht Verbitterung und Verärgerung einnisten. Wie werden sie sich dann überhaupt noch ihren Weg durch das von ihnen selbst geschaffene emotionale Minenfeld bahnen?

Wie können sie anfangen, Jahre der hitzigen Worte, bedauerlichen Entscheidungen, ungeklärten Streitfragen und stillen Verbitterung aufzuarbeiten?

Indem sich die Partner dazu entscheiden.

Sie haben sich ja auch dazu entschieden, diese Hindernisse in ihrer Beziehung überhaupt erst aufkommen zu lassen – indem sie den Partner ständig kritisierten, sich von ihren ungefilterten Emotionen leiten ließen, ihre Beziehung hintanstellten ... So können sich diese Paare jetzt auch neu für die Liebe entscheiden!

Die richtigen Worte finden

Angenommen, Sie haben einige Entscheidungen getroffen, auf die Sie nicht gerade stolz sind, auch wenn sie Ihnen zum betreffenden Zeitpunkt vielleicht gerechtfertigt erschienen. Angenommen, diese Entscheidungen haben sich verheerend auf Ihre Beziehung ausgewirkt. Was sollen Sie jetzt tun? Was sollen Sie sagen?

Erstens: Erkennen Sie an, dass Sie nicht gezwungen sind, weiterhin die gleichen Entscheidungen zu treffen. Sie können sich für etwas anderes entscheiden, das für Ihre Ehe förderlicher ist.

Zweitens: Nehmen Sie Ihren Mut zusammen und sagen Sie Ihrer Frau: „Es tut mir leid. Mir ist bewusst, dass ich dich verletzt habe. Ich möchte es in Zukunft besser machen. Ich möchte deine Liebessprache lernen und mich auf deine Bedürfnisse einstellen."

Immer wieder habe ich erlebt, dass Ehen, die kurz vor der Scheidung standen, dadurch gerettet wurden, dass die Beteiligten sich willentlich für die Liebe entschieden haben.

Die Liebe löscht die Vergangenheit zwar nicht aus, aber sie gestaltet die Zukunft neu. Wenn wir uns entschließen, unserer Partnerin unsere Liebe dadurch zu zeigen, dass wir ihre Sprache der Liebe sprechen, dann schaffen wir eine Atmosphäre, in der vergangene Konflikte und Fehler aufgearbeitet werden können.

Was ist mit unserer Liebe geschehen?

Brent saß mit versteinertem Gesicht in meinem Büro. Er war nicht aus eigenem Antrieb gekommen, sondern auf meine Bitte hin. Eine Woche zuvor hatte noch Becky, seine Frau, auf jenem Stuhl gesessen und bitterlich geweint. Mit tränenerstickter Stimme brachte sie mühsam hervor, Brent hätte ihr erzählt, er liebe sie nicht mehr und wolle sie nun verlassen. Sie war völlig verzweifelt.

Als sie sich wieder gefasst hatte, sagte sie: „Wir haben uns in den vergangenen zwei oder drei Jahren wirklich bemüht. Ich wusste natürlich, dass wir nicht mehr so viel Zeit miteinander verbrachten wie früher. Aber ich dachte doch, dass wir an einem gemeinsamen Ziel arbeiten. Ich kann gar nicht glauben, was er da gesagt hat. Er war doch immer so freundlich und zuvorkommend. Er ist ein so guter Vater für unsere Kinder. Wie kann er uns das nur antun?“

Ich hörte aufmerksam zu, als sie mir Einzelheiten aus den letzten zwölf Jahren ihrer Ehe erzählte. Es war eine Geschichte, die ich ähnlich schon oft gehört hatte. Die Zeit, als sie noch umeinander warben, war aufregend gewesen. Auf dem Höhepunkt ihres Verliebtseins hatten beide geheiratet. Dann kam die typische Gewöhnungsphase, aber sie waren immer noch glücklich und lebten, materiell abgesichert, in geordneten Verhältnissen. Doch die Euphorie der ersten Liebe legte sich bald. Vor allem aber hatten sie es versäumt, die Liebessprache des anderen ausführlich genug zu erlernen. Über mehrere Jahre hinweg hatte Becky mit einem halb vollen Liebestank gelebt, aber gerade immer so viel Liebe erhalten, dass sie meinte, es sei alles in Ordnung.

Brents Liebestank hingegen war völlig leer. Äußerlich wirkte er ganz anders als Becky. Sie hatte in meinem Büro herzzerreißend geweint, während Brent starr und unberührt dasaß. Ich hatte allerdings den Eindruck, dass seine Tränen schon vor Monaten versiegt waren und dass er eher in seinem Innersten „geweint“ hatte. Was Brent mir dann berichtete, bestätigte meine Vermutung.

„Ich liebe sie einfach nicht mehr“, sagte er. „Ich liebe sie eigentlich schon länger nicht mehr. Ich möchte Becky nicht kränken, aber es besteht einfach keine Vertrautheit mehr zwischen uns. Unsere Beziehung ist öde und leer geworden. Es macht mir keinen Spaß mehr, mit ihr zusammen zu sein. Ich weiß allerdings nicht, weshalb es so gekommen ist. Ich wünschte, es wäre anders, aber meine Gefühle für sie sind tot.“

Brent ging es wie vielen anderen Männern. Mit der inneren Einstellung, man liebe die eigene Frau ja nicht mehr, nehmen sie sich das Recht heraus, die Liebesbeziehung zu einer anderen zu suchen. Die Frauen tun das genauso und bedienen sich der gleichen Ausrede.

Wenn zwei Menschen sich ineinander verlieben

Ich konnte mich in Brent hineinversetzen, denn auch ich war schon einmal am gleichen Punkt angelangt. Tausende von Männern und Frauen kennen das: seelisch ausgebrannt zu sein, das Richtige tun und niemand verletzen zu wollen und doch, getrieben von einer großen Sehnsucht, die Liebe außerhalb der eigenen Ehe zu suchen. Ich hatte das Glück, schon in den jungen Jahren meiner Ehe erkannt zu haben, dass das Verliebtsein und das Verlangen nach wahrer Liebe nicht ein und dasselbe sind. Viele von uns haben diesen Unterschied noch immer nicht erkannt.

Man kann nicht planen, sich in jemanden zu verlieben. Man kann sich nur mitreißen lassen.

Die Verliebtheit ist praktisch eine Sache des Instinkts. Man kann es sich nicht vornehmen, sich zu verlieben. Die Verliebtheit stellt sich einfach in einer Beziehung zwischen zwei Menschen ein. Man kann sie fördern oder dämpfen, aber sie ist nicht willentlich produzierbar. Die Verliebtheit ist kurzlebig (meistens zwei Jahre oder weniger) und scheint für die Menschheit dieselbe Funktion auszuüben wie der Balzruf bei den Wildgänsen.

Für den Augenblick erfüllt die Verliebtheit unser Bedürfnis

nach wirklicher Liebe. Wir haben das Gefühl, dass es jemanden gibt, der sich für uns interessiert, der uns bewundert und schätzt. Dieser Mensch tut unserem Ego gut, weil wir wissen, dass wir für ihn *die wichtigste Person* sind und dass er bereit ist, Zeit und Energie für unsere Beziehung zu opfern. Für eine begrenzte Zeit wird unser Bedürfnis nach Liebe gestillt. Unser Tank ist gefüllt. Wir haben das Gefühl, dass wir die Welt erobern könnten. Nichts scheint uns unmöglich zu sein. Für viele ist es das erste Mal, dass sie überhaupt mit einem Vorrat an guten Gefühlen leben. Das macht euphorisch.

Irgendwann kehren wir dann allerdings doch aus dem siebten Himmel auf den Boden der Tatsachen zurück. Wenn unsere Partnerin es gelernt hat, unsere Muttersprache der Liebe zu sprechen, wird unser Bedürfnis nach Liebe weiterhin gestillt. Versteht sie unsere Sprache allerdings nicht, wird unser Liebestank nach und nach entleert und wir werden uns eines Tages nicht mehr geliebt fühlen.

Es ist unsere bewusste Entscheidung, die Bedürfnisse des andern zu erfüllen. Wenn ich mir die Mühe mache, die Liebessprache meiner Partnerin zu lernen und sie auch häufig anzuwenden, dann wird sie sich immer geliebt fühlen. Sie wird die nun abklingende Euphorie des Verliebtseins gar nicht als Verlust empfinden, denn der Liebestank bleibt ja gefüllt. Weigere ich mich aber, mich auf die Liebessprache des andern einzustellen, so werden seine Sehnsüchte ungestillt bleiben, sobald er vom Hochgefühl der jungen Liebe in die Niederungen des Alltagslebens hinabsteigt. Nach Jahren ohne Liebe wird der Betreffende sich irgendwann in jemand anderen verlieben und alles beginnt von vorn.

Ich entscheide mich täglich neu, das Bedürfnis meiner Frau nach Liebe zu stillen. Wenn ich ihre persönliche Sprache der Liebe kenne, wird ihre Sehnsucht gestillt und sie wird sich in meiner Liebe geborgen fühlen können. Sofern sie dasselbe für mich tut, werden auch meine Bedürfnisse erfüllt und wir können beide mit einem gefüllten Liebestank leben. Wer seelisch ausgeglichen ist, wird viel Kraft und Energie in Aktivitäten außerhalb der Beziehung stecken können und trotzdem noch eine Ehe führen, die immer spannend bleibt und an Reife zunimmt.

Mit leerem Tank fahren

Das war es, woran ich dachte, als ich in Brents versteinertes Gesicht schaute und mich fragte, wie ich ihm helfen könne. Ich ahnte, dass er längst wieder „verliebt" war. Bahnte sich erst etwas an, oder war er schon mittendrin in einer neuen Beziehung? Nur wenige Männer, die unter ihrem leeren Liebestank leiden, verlassen die Ehe, solange sie nicht die Aussicht haben, ihren Mangel woanders gestillt zu bekommen.

Brent verheimlichte nichts und gab zu, schon mehrere Monate in eine andere Frau verliebt zu sein. Er hatte immer noch gehofft, dass diese Gefühle vorübergehen würden und er den Konflikt mit seiner Frau bereinigen könne. Aber es war nur noch schlimmer geworden und die Liebe zu jener anderen Frau hatte zugenommen. Er konnte sich ein Leben ohne sie nicht mehr vorstellen.

Ich hatte Mitleid mit Brent, der in einem Dilemma steckte. Er wollte um keinen Preis seiner Frau und den Kindern Leid zufügen, doch gleichzeitig meinte er, er „verdiene" es, ein glückliches Leben zu führen. Ich nannte ihm die düsteren statistischen Prognosen für zweite Eheschließungen. Das überraschte ihn zwar sehr, aber er war trotzdem sicher, die Ausnahme von der Regel zu sein. Ich legte ihm dar, was die Forschung über die Folgen von Scheidungen auf die Kinder herausgefunden hatte, aber er war überzeugt, auch weiterhin ein guter Vater sein zu können und dass die Kinder über das Trauma einer Scheidung hinwegkommen würden. Ich sprach mit Brent über die Themen, die wir in diesem Buch besprechen, und erklärte ihm den Unterschied zwischen Verliebtheit und der tiefen Sehnsucht des Menschen, aufrichtig geliebt zu werden. Ich sprach über die fünf Sprachen der Liebe und forderte ihn auf, seiner Ehe noch eine Chance zu geben.

Ich wusste natürlich die ganze Zeit, dass meine rationalen Erläuterungen angesichts seiner euphorischen Hochstimmung an ihm abperlten wie Regen am Ostfriesennerz. Er bedankte sich für mein Interesse und bat mich, Becky so gut es ging zu helfen. Doch er meinte mit Sicherheit sagen zu können, dass es für seine Ehe keine Hoffnung mehr gäbe.

Einen Monat später rief mich Brent an. Er wollte mit mir sprechen. Als er diesmal mein Büro betrat, wirkte er sichtlich beunruhigt. Er war nicht mehr der schweigsame, beherrschte Mann, den ich kennengelernt hatte. Bei seiner Geliebten war die Hochstimmung geschwunden und sie stellte nun an Brent Dinge fest, die sie gar nicht mochte. Sie zog sich aus der Beziehung zurück und er wusste nicht mehr weiter. Tränen traten in seine Augen, als er mir erzählte, wie viel sie ihm bedeutete und wie unerträglich diese Erfahrung war, so plötzlich abgelehnt zu werden.

Eine Stunde lang hörte ich ihm aufmerksam zu, bevor er mich schließlich doch noch um Rat fragte. Ich drückte ihm mein Mitgefühl aus und gab ihm zu verstehen, dass das, was er nun erlebte, ein verständlicher Kummer über seinen Verlust sei. Er würde nicht über Nacht wieder verschwinden. Ich erklärte ihm aber auch, dass diese Erfahrung fast unausweichlich gewesen war. Ich erinnerte ihn an die zeitliche Begrenztheit des Verliebtseins. Früher oder später komme jeder zurück in die Wirklichkeit, sagte ich ihm. So manch einer fiele schon vor der Hochzeit aus allen Wolken, während es bei andern doch etwas länger dauere. Brent stimmte mir zu, dass es für ihn höchste Zeit war, wieder einen klaren Blick zu bekommen.

Irgendwann konnte ich einfließen lassen, dass diese Krise ihm und seiner Frau vielleicht die Chance böte, eine Eheberatung in Anspruch zu nehmen. Ich erinnerte ihn daran, dass wahre und dauerhafte Liebe auch ein Willensakt ist und dass die Liebe zwischen ihnen wieder aufleben kann, wenn er und seine Frau es lernen würden, einander in der jeweils richtigen „Sprache" zu lieben. Er war mit der Eheberatung einverstanden.

Neun Monate später verließen Brent und Becky mein Büro wie ein jung vermähltes Ehepaar. Als ich Brent drei Jahre später wiedersah, erzählte er mir, wie glücklich ihre Ehe geworden sei, und bedankte sich dafür, dass ich ihm damals in einer kritischen Phase seines Lebens geholfen hatte. Er lächelte und sagte: „Mein Liebestank ist niemals zuvor so voll gewesen und eine glücklichere Frau als Becky werden Sie auch kaum treffen."

Zum Glück für Brent und seine Ehe bekam er das zu spüren, was ich das „Ungleichgewicht des Verliebtseins" nenne. Damit meine ich, **dass sich zwei Menschen fast nie am selben Tag ineinander verlieben und sich auch fast nie am selben Tag „entlieben“**. Um zu dieser Erkenntnis zu gelangen, braucht man kein Soziologe zu sein. Man achte nur einmal auf die Schlagertexte. Brents Geliebte scheint gerade im richtigen Moment wieder zur Vernunft gekommen zu sein.

Auf den richtigen Trichter kommen

Während der neun Monate, in denen Brent und Becky bei mir in der Seelsorge waren, sprachen wir zahlreiche Konflikte an, die die beiden vorher nie gelöst hatten. Aber **der Schlüssel zur Wiederherstellung ihrer Ehe war, dass sie die Liebessprache des andern kennenlernten und diese dann auch regelmäßig anwendeten.**

„Aber was mache ich, wenn mir die Liebessprache des Partners absolut nicht liegt?“

Auf meinen Seminaren wird mir gerade diese Frage oft gestellt. „Na und?“, sage ich dann.

Meiner Frau kann ich meine Liebe am besten dadurch beweisen, dass ich für sie etwas erledige. Als Liebesbeweis sauge ich zum Beispiel regelmäßig die Teppiche. Meinen Sie vielleicht, Staub saugen *liegt mir*? Bei meiner Mutter musste ich das immer tun. Während meiner gesamten Schulzeit konnte ich am Samstagnachmittag erst dann Ball spielen gehen, wenn ich vorher im ganzen Haus Staub gesaugt hatte. Damals hatte ich mir geschworen: „Wenn ich hier einmal raus bin, werde ich eins sicher nie wieder tun: Ich werde keinen Staubsauger mehr anrühren. Ich suche mir eine Frau, die das für mich erledigt.“

Nun sauge ich aber doch Staub, sogar regelmäßig. Und es gibt nur einen Grund dafür – die Liebe. Man könnte mir Geld schenken, damit ich nicht Staub sauge, aber ich tue es trotzdem, weil ich meine Frau liebe. Je mehr wir uns zu etwas überwinden müssen, desto eindeutiger ist der Liebesbeweis. Meine Frau weiß, dass nur meine Liebe dahintersteht, wenn ich mit dem Staubsauger durchs Haus gehe. Und ich weiß, dass sie mich dafür schätzt.

Jemand erwiderte darauf: „Aber Dr. Chapman, das geht ja noch. Meine Frau versteht Zärtlichkeiten als Liebesbeweis. Und ich bin gar nicht für Zärtlichkeiten zu haben. Nie habe ich gesehen, dass meine Eltern sich in den Arm nahmen. Auch zu mir waren sie niemals zärtlich. Berührungen liegen mir einfach nicht. Was soll ich da machen?“

Sie haben doch zwei Arme – strecken Sie sie aus! Stellen Sie sich vor, Ihre Frau stünde vor Ihnen und Sie ziehen sie zu sich. Wenn Sie das im Alltag ein paar Hundert Mal gemacht haben, werden Sie sich nicht mehr so unbehaglich fühlen.

Aber im Grunde **geht es nicht ums Wohlfühlen**. Hier geht es um die Liebe und die Liebe meint immer den andern. Wir alle tun doch täglich Dinge, die uns nicht besonders liegen. Für so manchen ist das schon das Aufrichten im Bett am frühen Morgen. Aber wir überwinden uns und stehen trotzdem auf. Warum machen wir das? Weil wir glauben, dass es etwas Lohnendes an diesem Tag zu tun gibt. Und normalerweise werden wir am Ende des Tages ganz zufrieden sein, dass wir uns zum Aufstehen durchgerungen haben.

Das Gleiche gilt für die Liebe. Wir entdecken die Muttersprache der Liebe unserer Partnerin, und wir entscheiden uns, sie zu sprechen, ob sie uns nun liegt oder nicht. Es behauptet ja niemand, man müsse ein großes Glücksgefühl dabei empfinden. Wir sind einfach nur entschlossen, unserer Partnerin etwas Gutes zu tun. Wir wollen, dass ihr Verlangen gestillt wird und wir erreichen das, indem wir ihre Liebessprache sprechen. Dadurch wird ihr Liebestank gefüllt. Mit großer Wahrscheinlichkeit wird sie uns dann für unsere Mühe belohnen und ihrerseits unsere Liebessprache sprechen. Damit bekommen wir zurück, was wir emotional investiert haben. Auch unser Liebestank beginnt sich zu füllen.

Wir können uns zur Liebe entschließen. Und beide Partner können noch heute damit anfangen.

9

WIE SIE GEMEINSAM MIT WUT UMGEHEN LERNEN

Wird nichts gegen Wut unternommen, kann sie den Fluss der Liebessprachen für immer stoppen. Bevor Sie Ihrer Frau aufrichtige Liebe und Zuneigung vermitteln können, müssen Sie:

- die Spannungspunkte ansprechen, die Streit erzeugen und
- einen wirksamen Plan erstellen, wie Sie mit Wut umgehen, sobald sie hochkommt.

In diesem Kapitel werden Sie die Werkzeuge, Strategien und Ermutigungen finden, die Sie brauchen, um gemeinsam mit Ihrer Frau Ihre Gefühle der Wut zu bewältigen – und dabei Ihre Beziehung zu stärken.

„Ich kann mich nicht entsinnen, je die Beherrschung verloren zu haben, bevor ich verheiratet war." Vielleicht hat Dan auf seine Jahre als Junggeselle durch eine rosarote Brille zurückgeblickt, doch eines war sicher: Sarah konnte ihn richtig auf die Palme bringen. „Wenn sie bestimmte Sachen sagt oder mir diesen *gewissen Blick* zuwirft, dann raste ich aus."

Sarahs sarkastische Fragen gingen ihm unter die Haut. Wie soll man als Mann reagieren, wenn die Frau fragt: „Mähst *du* jetzt den Rasen oder muss ich meinen Vater bitten, herüberzukommen und es zu machen?"

Und das war noch lange nicht das Schlimmste, wie Dan fand. Manchmal neigte sie ihren Kopf auf eine bestimmte Weise zur Seite und starrte ihn an. „Dieser Blick ist schlimmer als tausend verurteilende Worte", vertraute Dan mir an. „Was ich in ihren Augen sehe, ist: ‚Ich bereue, dass ich dich geheiratet habe.'"

Dan war verärgert, weil Sarah sein Selbstbewusstsein unterminierte, eine besonders verletzliche Stelle. **Die meisten von uns haben den Wunsch, dass man sie gerne mag, wertschätzt und respektiert.** Wenn wir dann kritisiert werden, neigen wir dazu, defensiv zu reagieren. Sarah mochte der Meinung sein, dass sie nur Dans *Verhalten* kritisiert, nicht ihn als Person. Doch da unser Verhalten aus dem erwächst, wer wir sind, fällt es den meisten von uns – Dan eingeschlossen – schwer, zwischen den beiden zu unterscheiden. Etwas tief in Dan sagte ihm: „Es ist nicht richtig, dass meine Frau mich so runtermacht."

Der Ton in Sarahs Stimme zeigte deutlich, dass auch sie verärgert war.

Sie war zu dem Schluss gekommen, dass Dan nicht seinen gerechten Anteil zu Hause erledigte. Aus ihrer Sicht wuchs das Gras immer länger, während er zum Sport ging. Er saß vor dem Fernseher, während sie den Müll rausbrachte.

Das war nicht gerade ihre Vorstellung von einem liebevollen Ehemann.

Dans und Sarahs Situation ist nicht ungewöhnlich. Alle Ehepaare haben mit Aggressionsbewältigung zu tun. Und das ist auch nicht schlimm. **Man darf ruhig Wut verspüren.** Das Problem ist nur, dass viele Paare nie gelernt haben, damit konstruktiv umzugehen. Stattdessen explodieren sie plötzlich in einem Wutausbruch, der alles nur noch schlimmer macht. Oder sie leiden im Stillen und ziehen sich voneinander zurück.

Wie viele Familienausflüge unserer Kindheit wurden nicht vom Wetter verdorben, sondern von der Verärgerung, die zwischen unseren Eltern herrschte? Wie viele Geburtstage wurden durch das Gezanke von Eltern ruiniert, die nicht gelernt hatten, ihren Streit zu bereinigen? Wie viele Urlaubstage wurden dadurch verpfuscht, dass unbearbeitete Wut zwischen den Ehepartnern gärte?

Leider haben die meisten Paare nie gelernt, richtig mit Wut umzugehen. Folglich werden Ehen zu Schlachtfeldern, auf denen jeder den anderen beschuldigt, den ersten Schuss abgegeben zu haben. Wenn das Paar nicht lernt, richtig mit seiner Wut umzugehen, wird es nie eine erfüllende Ehe erleben. Das Bemühen der Partner, die Liebessprache des anderen zu erlernen, wird sich nie bezahlt machen. Ich sage „nie", weil **Liebe und ungezügelte Wut nicht koexistieren können**. Liebe sucht das Wohlergehen des anderen, während ungezügelte Wut wehtun und zerstören will.

Sechs Schlüssel zur Aggressionsbewältigung

Doch es gibt eine gute Nachricht: Paare können lernen, verantwortungsvoll mit Wut umzugehen. Mehr noch, sie *müssen* es lernen, wenn ihre Beziehung überleben und gedeihen soll. Das ist kein leichter Prozess, ist aber die Mühe wert.

Es gibt sechs hilfreiche Schritte, konstruktiv mit der Wut umzugehen.

1. Erkennen Sie das Vorhandensein von Wut an.

Wenn zwei Menschen eins werden und versuchen, sich zusammen ein Leben aufzubauen, ist Wut unvermeidlich. Teilweise bezieht sich diese Wut auf etwas ganz Konkretes und wird durch etwas hervorgerufen, was der Partner tatsächlich falsch gemacht hat. Teilweise kommt die Wut aber auch durch ein Missverständnis der beiden Partner zustande. Ein durchschnittliches Ehepaar erlebt während des Ehelebens beide Arten der Wut in nicht geringem Maß. Das bringt das Leben mit einem Menschen, der nun mal nicht perfekt ist, so mit sich. Wut an sich ist nicht moralisch falsch. Sie zeigt einfach, dass uns Fairness und Gerechtigkeit wichtig sind. **Wenn wir merken, dass etwas unfair oder ungerecht zugeht, reagieren**

Eines der liebevollsten Geschenke, das Sie Ihrer Frau machen können, ist die Freiheit, auch mal wütend auf Sie sein zu dürfen.

wir automatisch wütend darauf. Wir sollten uns selbst oder unserer Frau deswegen kein schlechtes Gewissen machen. Genauso wenig brauchen wir unsere Wut zu leugnen. Man muss sich ihrer nicht schämen.

Wenn wir uns gegenseitig das Recht einräumen, Wut zu verspüren, räumen wir uns damit eigentlich nur das Recht ein, menschlich zu sein. Das ist der Ausgangspunkt, um zu lernen, Wut positiv zu bewältigen.

2. Vereinbaren Sie, einander Ihre Wut einzugestehen.
Wenn Sie wütend sind, dann lassen Sie Ihre Frau unbedingt wissen, wie Sie empfinden (oder wenn Ihre Frau wütend ist, gestatten Sie ihr, Ihnen zu sagen, wie sie sich fühlt). Spielen Sie kein „Rate-mal-meine-Stimmung"-Spiel. Solche Ratespiele sind

eine Zeitverschwendung. Schlimmer noch, sie führen selten zu einer verlässlichen Antwort.

Wenn Sie auf Ihre Frau wütend sind, dann ja deshalb, weil sie etwas getan oder gesagt hat, was Sie für unangemessen halten – oder weil sie etwas nicht gesagt oder getan hat, was Sie von ihr erwartet hatten. Sie finden, dass sie etwas falsch gemacht hat. Sie ist unfreundlich mit Ihnen umgesprungen. Unfair.

Lieblos.

Das Verhalten Ihrer Frau, das Ihre Wut ausgelöst hat, ist zu einer Barriere zwischen Ihnen geworden. Davon sollte Ihre Frau in Kenntnis gesetzt werden. Sie kann nicht an einem Problem arbeiten, dessen sie sich gar nicht bewusst ist.

Beide Partner haben das Recht zu wissen, wann der andere wütend ist und worüber er wütend ist. Ein Mann und eine Frau, die einander versprechen, dem anderen ehrlich diese Information zukommen zu lassen, haben schon einen Riesenschritt in Richtung vernünftiger Aggressionsbewältigung unternommen.

3. Verständigen Sie sich darauf, dass verbale und körperliche Aggressivität keine angemessene Reaktion auf Wut sind.

Ungesundes Abreagieren von Wut ist immer destruktiv und sollte nicht akzeptiert werden. Das heißt nicht, dass Sie oder Ihre Frau nie wieder die Fassung verlieren dürfen, nachdem Sie übereingekommen sind, dass Sie nicht vor Wut explodieren wollen. Vielmehr heißt es, dass Sie beide zugeben, dass so eine Reaktion falsch ist. **Wutausbrüche machen immer alles nur noch schlimmer.** Und die emotionale Zerstörung, die solche Ausbrüche hinterlassen, muss erst einmal aufgearbeitet werden, ehe man den Auslöser des Vorfalls konstruktiv angehen kann.

Vereinbaren Sie am besten, immer sofort aus dem Zimmer zu gehen, wenn der Partner gerade zu explodieren beginnt. Läuft der vor Wut schäumende Partner einem nach, geht man aus dem Haus ... in den Garten ... um den Block, wenn nötig. Man entfernt sich so lange vom Partner, bis er sich beruhigt hat.

Wenn Sie sich beide auf diese Strategie einigen können, dann wissen Sie: Sobald einer von Ihnen aus dem Zimmer geht oder das Haus verlässt, ist es für den anderen höchste Zeit, innezuhalten und über die eigene Reaktion nachzudenken. Idealerweise gelingt es dem wütenden Partner, sich zu beruhigen und dem anderen, wenn er zurückkommt, zu gestehen: „Es tut mir leid. Es war falsch, so auszurasten. Ich war so verletzt und wütend, dass ich die Beherrschung verloren habe. Bitte verzeih mir." Wenn Sie sich wieder versöhnt haben, können Sie sich dem eigentlichen Auslöser der Wut zuwenden.

4. Verständigen Sie sich darauf, eine Erklärung zu suchen, ehe Sie sich ein Urteil bilden.

Wenn Sie auf Ihre Frau wütend sind, dann meinen Sie zunächst, dass ihr Verhalten falsch ist. Mehr ist es aber auch nicht: nur ein erster Eindruck, keine bestätigte Tatsache. Hören Sie sich ihre Seite der Geschichte an. Man kann das, was andere tun und sagen, nur allzu leicht falsch auffassen.

Wenn Sie wieder einmal überzeugt sind, dass Sie mit vollem Recht wütend auf Ihre Frau sein dürfen, fragen Sie sich, ob Sie mit Ihrem Urteil schon mal falsch gelegen haben.

Angenommen, Ihre Frau kommt ohne den Liter Milch nach Hause, den sie mitbringen sollte, und das, obwohl sie sich doch zur Erinnerung eine Notiz gemacht hatte. Die spontane Reaktion darauf wäre, ärgerlich zu werden, da sie offensichtlich ihre Verantwortung nicht erfüllt hat. Doch was, wenn es im Geschäft keine Milch mehr gab? Was, wenn sie eine Kollegin nach Hause fahren musste und an keinem Geschäft vorbeigekommen ist? Was, wenn sie wusste, dass Sie zum Abendbrot keine Milch brauchen und geplant hatte, einen Liter zu kaufen, wenn sie Ihre Tochter später zum Turnen bringt? Das wären alles plausible Erklärungen. **Entschließen Sie sich dazu, immer erst nach einer Erklärung zu suchen. Bilden Sie sich dann ein Urteil, wenn Sie auch die Ansicht Ihrer Partnerin gehört haben.**

Rob hörte zufällig, wie seine Frau am Telefon sagte, er sei spät dran und dass sie es nicht ausstehen könnte, spät dran zu sein. Sofort kam Wut bei ihm auf, da er sich so bemüht hatte, rechtzeitig zu kommen und sich nur zwei Minuten verspätet hatte. Als er seine Frau um eine Erklärung bat, stellte sich jedoch heraus, dass sie über das Baby einer Freundin sprach, dessen Geburt schon seit zwei Wochen überfällig war. Krise verhindert.

Sind Worte und Taten schon anfällig für Missverständnisse, so sind Motive bzw. Beweggründe noch schwerer einzuschätzen. Wir können die inneren Beweggründe eines bestimmten Verhaltens nur dann verstehen, wenn unsere Frau sie uns verrät. Leider schreiben wir unserer Frau oft Motive zu, die gar nicht zutreffen.

Jonathan ging weise vor, als er sagte: „Vielleicht deute ich das falsch, und deswegen hätte ich gerne eine Erklärung. Es sieht so aus, als hättest du 300 Dollar für Kleidung ausgegeben. Ich dachte, wir hätten abgemacht, dass keiner von uns mehr als 100 Dollar ausgibt, ohne es erst mit dem anderen abzusprechen, bis wir unsere Schulden wieder unter Kontrolle bekommen." Bethanys Antwort verblüffte ihn.

„Oh, Liebling, ich kann das erklären. Unsere Abteilung an meiner Arbeitsstelle hat zusammengelegt, um Betsy ein Geschenk zu kaufen, weil sie in den Ruhestand geht. Die anderen haben mich gebeten, es in der Mittagspause abzuholen, da ich mich sowieso schon mit Ginger im Einkaufszentrum traf. Also habe ich das Ganze mit der Visa-Karte bezahlt. Aber sie haben mir jeder 20 Dollar gegeben. Die sind in meiner Handtasche. Ich glaube, insgesamt sind es 300 Dollar." Jonathans Ärger verflüchtigte sich schnell.

5. Verständigen Sie sich darauf, nach einer Lösung zu suchen.

Bei dem Vorfall mit Jonathan und Bethany gab es eine sofortige Lösung für Jonathans Verärgerung, als er Bethanys Erklärung hörte. Selbstverständlich sind nicht alle Lösungen so leicht. Nicht alle Vorfälle sind bloße Missverständnisse.

Sagen wir mal, Bethany bricht wirklich ihre Übereinkunft und gibt 300 Dollar aus, obwohl sich beide Partner darauf verständigt hatten, nichts über 100 Dollar zu kaufen, ohne es erst mit dem anderen abzusprechen. Angenommen, ihre Erklärung für dieses Verhalten lautet: „Aber Liebling, das war im Sonderangebot. Ich habe uns 200 Dollar gespart und wir brauchten es doch ohnehin. Ich dachte nicht, dass du was dagegen haben würdest."

„Nun, ich habe aber etwas dagegen", könnte Jonathan daraufhin erwidern. „Es ist zwar nett, so etwas zu haben, aber eigentlich brauchen wir es nicht. Wir sind auch ganz gut so ausgekommen. Und wir können es uns nicht leisten, uns noch 300 Dollar mehr zu verschulden. Wir haben eine Übereinkunft getroffen und du hast sie gebrochen. Das finde ich falsch."

Es stärkt die Beziehung und verhindert ein ernsthaftes Zerwürfnis, wenn Sie sich nach einem Wutausbruch und dessen Klärung gegenseitig versichern: „Ich liebe dich."

Diese Art direkter, liebevoller Konfrontation öffnet die Tür für konstruktive Gespräche und Lösungsansätze.

6. Machen Sie es sich zur Gewohnheit, sich gegenseitig Ihrer Liebe zu versichern.

Nachdem der Konflikt gelöst ist, sagen Sie sich gegenseitig mit aller Aufrichtigkeit: „Ich liebe dich." Dadurch bringen Sie zum Ausdruck: „Wir lassen durch diesen Vorfall keinen Keil zwischen uns treiben." Sie haben sich gegenseitig ausreden lassen, den Konflikt gelöst, aus der Erfahrung gelernt – und jetzt geht es wieder gemeinsam weiter.

Wenn wirklich ein Fehlverhalten erfolgt ist – wenn einer der Partner unhöflich, lieblos oder ungerecht gewesen ist –, dann gilt es, dieses einzugestehen und das eigene Verhalten zu ändern. Genauso wichtig ist es aber auch, dass der Partner, der falsch behandelt wurde, dem anderen verzeiht. Ist das geschehen, kann sich die durch den Vorfall ausgelöste Wut wieder legen, da sie ihren Zweck erfüllt hat, beide Partner für ihr Verhalten verantwortlich zu machen.

Entstammt die Wut jedoch einer verzerrten Wahrnehmung der Wirklichkeit oder ist sie Folge eines Missverständnisses, muss man das anders angehen. Nachdem der Sachverhalt richtiggestellt worden ist, sollte der Partner, der zu eilige Schlüsse gezogen hat, genug Demut besitzen, seinen Fehler einzugestehen. Daraufhin kann das Paar über die Umstände sprechen, die zu dem Missverständnis geführt haben, und Ideen sammeln, wie sie eine ähnliche Situation in Zukunft vermeiden können.

Kaum etwas ist so wichtig für eine erfolgreiche Ehe wie der verantwortungsvolle Umgang mit Wut. Ich bin überzeugt: Wenn Sie und Ihre Frau sich diese sechs Prinzipien zu eigen machen, dann sind Sie auf dem richtigen Weg, Ihre Aggression gut zu bewältigen.

Als ob Sie noch mehr Gründe bräuchten ...

Hinweise aus der Welt der Wissenschaft, dass Wut Ihre Gesundheit gefährden kann:

Einer Studie des Staates Ohio zufolge kann ein halbstündiger Ehekrach verursachen, dass eine körperliche Wunde mindestens einen Tag länger braucht, um zu heilen.

Eine Studie der Harvard Universität ergab, dass ältere Männer, die zu Wutausbrüchen neigen, ein dreimal so hohes Herzinfarkt-Risiko haben wie ihre ruhigeren Altersgenossen.

Können wir darüber reden?

Lassen Sie mich dieses Kapitel mit einem letzten Vorschlag schließen. Schreiben Sie sich die folgenden Worte auf eine Karteikarte:

Ich empfinde gerade Wut, aber keine Sorge – ich werde nicht ausrasten. Aber ich brauche deine Hilfe. Können wir darüber reden?

Legen Sie sich die Karte griffbereit an einen zugänglichen Ort. Das nächste Mal, wenn Sie Wut auf Ihre Frau verspüren, lesen Sie ihr die Karte laut vor, so ruhig wie Sie können. Falls ein Gespräch gerade nicht gut passt, verabreden Sie dafür eine spätere Zeit.

Durch diese kurzen Sätze geben Sie zu, dass Sie Wut verspüren, Sie versichern Ihrer Partnerin, dass Sie nicht die Beherrschung verlieren wollen, und Sie verleihen Ihrem Wunsch Ausdruck, durch ein Gespräch die Sache zu klären.

Wenn Sie sich dann zusammensetzen, um die Sache zu besprechen, leiten Sie das Gespräch ein, indem Sie sagen: „Vielleicht sehe ich die Sache falsch. Deswegen möchte ich mit dir darüber reden. Ich würde dir gerne sagen, wie ich empfinde und warum ich so empfinde. Es wäre super, wenn wir die Sache klären können. Ich brauche dabei nämlich Hilfe."

So ein Anfang schafft eine Atmosphäre, in der sich Ihr Partner nicht angegriffen oder bedroht fühlt und in der Sie die Situation in Ruhe besprechen können.

Wut kommt in den besten Familien vor. Wir brauchen vor ihr

keine Angst zu haben. Wut kann sogar ein Freund sein. Sie kann eine wertvolle Rolle in Ihrer Beziehung spielen. Sie kann Sie und Ihre Partnerin auf eine Art zusammenbringen, wie es andere Emotionen nicht können. Jedes Mal, wenn Sie die Wut gemeinsam bewältigen, stärken Sie Ihre Beziehung etwas mehr.

Sechs Schritte, eine wutgeladene Konfrontation zu entschärfen

Das nächste Mal, wenn wieder eine Situation in Ihnen Wut aufsteigen lässt, versuchen Sie, mit Ihrer Frau die folgenden Schritte einzuhalten. So richtig effektiv sind diese allerdings erst, wenn sie sich schon fest in Ihrer Beziehung etabliert haben, *bevor* der nächste Konflikt entsteht.

1. Erkennen Sie das Vorhandensein von Wut an. Ob Ihre Wut nun gerechtfertigt ist oder einer verzerrten Wahrnehmung der Realität entspringt – machen Sie sich deswegen kein schlechtes Gewissen. Nehmen Sie die Wut wahr und geben Sie sie zu. Vergessen Sie nicht: Wut an sich ist nicht falsch.

2. Vereinbaren Sie, einander Ihre Wut einzugestehen. Beschreiben Sie deutlich Ihre Gefühle der Wut, sobald diese aufkommen. Lassen Sie Ihre Frau nicht anhand Ihres Verhaltens erraten, wie Ihnen zumute ist. Sowohl Sie als auch Ihre Frau haben das Recht, darüber in Kenntnis gesetzt zu werden, weshalb der andere eigentlich wütend ist.

3. Verständigen Sie sich darauf, dass verbale und körperliche Aggressivität keine angemessene Reaktion auf Wut sind. Beide Arten von Aggression verschlimmern die Situation nur noch.

4. Verständigen Sie sich darauf, eine Erklärung zu suchen, ehe Sie sich ein Urteil bilden. Denken Sie daran: Ihr erster Eindruck kann täuschen. Es passiert schnell, dass Sie sich ein falsches Bild von dem machen, was Ihre Frau sagt und tut. Bevor Sie aber voreilige Schlüsse ziehen, holen Sie sich ihre Sichtweise ein. Möglicherweise besitzt sie noch ein wichtiges Puzzleteil, welches das ganze Bild der Situation ändert.

5. Verständigen Sie sich darauf, nach einer Lösung zu suchen. Mit den Informationen Ihrer Frau und einem vollständigeren Bild ausgerüstet, können Sie sich nun an eine Lösung machen, die Sie beide zufriedenstellt. Ist Ihre Wut gerechtfertigt, kann das erfordern, dass Ihre Frau einen Fehler eingesteht und ihr Verhalten ändert. Sollte sich jedoch herausstellen, dass Ihre Wut einer verzerrten Wahrnehmung entspringt oder überhaupt nicht gerechtfertigt ist, müssen Sie derjenige sein, der seinen Fehler eingesteht und sein Verhalten ändert.

6. Machen Sie es sich zur Gewohnheit, sich gegenseitig Ihrer Liebe zu versichern. Nachdem die Wut besänftigt ist, drücken Sie Ihre Liebe zueinander mit aufrichtigen Worten aus.

10

DIE KUNST DES ENTSCHULDIGENS

Haben Sie ein Werkzeug auf Ihrer Werkzeugbank, auf das immer Verlass ist? Eines, das so richtig gut in Ihrer Hand liegt? Eines, zu dem Sie immer als Erstes greifen, wenn es etwas zu reparieren gilt?

Oder wie steht es mit einem bestimmten Spielzug auf dem Fußballfeld? Einen, den Sie für die entscheidende Phase zurückhalten, wenn Sie unbedingt einen Abwehrspieler abhängen und das Leder ins Tor befördern müssen? Vielleicht ein Dribbeln oder ein Rückwärtsschuss?

Oder vielleicht haben Sie eine Geheimstrategie beim Schach – einen außergewöhnlichen Eröffnungszug, der Ihre Gegner unvorbereitet trifft.

Der richtige Zug im richtigen Moment kann eine drohende Niederlage in einen glorreichen Sieg verwandeln. Die richtige Strategie, auf die man zurückgreifen kann, wenn es brenzlig wird, kann den Unterschied zwischen Erfolg und Versagen ausmachen.

In den letzten Kapiteln haben wir über die Hindernisse gesprochen, die Sie davon abhalten können, die Muttersprache der Liebe Ihrer Frau fließend sprechen zu lernen. Hindernisse, die den Wunsch Ihrer Frau, Ihre Liebessprache ebenfalls zu erlernen, erkalten lassen können.

Sie können Versuchungen und Frustrationen, die Ihre innige Beziehung bedrohen, nicht verhindern. Sie können harte Worte, die bereits gesprochen wurden, nicht wieder zurücknehmen. Sie können Fehler, die bereits gemacht wurden, nicht ungeschehen machen.

Doch mit einem einzigen Schachzug können Sie Ihrem Ziel näher kommen, Ihre Beziehung zu stärken und die Vertrautheit wiederherzustellen. Sie können dadurch Anreize schaffen, die Liebessprache des anderen zu erlernen.

Wenn Sie zum Ziel haben, zwischen Ihnen und Ihrer Frau alles wieder in Ordnung zu bringen, dann lautet dieser Schachzug: **Entschuldigen Sie sich.**

Eine ehrlich gemeinte und gut vorgebrachte Entschuldigung kann Spannungen lösen, Konflikte schlichten und Verletzungen heilen, die schon seit Monaten oder sogar Jahren eine wunde Stelle gewesen sind. **Sie kann das Bild ändern, das Ihre Frau von Ihnen hat**, sodass sie Sie mit ganz neuen Augen sieht. Sie kann **Mauern schneller einreißen** als sonst irgendetwas, was Sie tun oder sagen.

Wie können Sie sich auf eine Weise entschuldigen, die der andere auch annehmen kann?

Worauf die meisten Menschen bei einer Entschuldigung Wert legen, ist Aufrichtigkeit. Sie wollen, dass es einem ernst ist mit dem Bedauern. Das Problem ist nur, dass Leute unterschiedliche Vorstellungen davon haben, was Aufrichtigkeit ausmacht. Was der eine für aufrichtig hält, ist nicht unbedingt das, was ein anderer für aufrichtig hält.

In meinen Jahren als Eheberater und Seminarleiter für Paare habe ich entdeckt, dass es, wie bei den fünf Sprachen der Liebe, auch **fünf Sprachen des Entschuldigens** gibt. Die meisten Menschen verstehen eine oder zwei dieser Sprachen besser und halten sie für aufrichtiger als die anderen.

Wenn Sie wollen, dass Ihre Frau Ihre Entschuldigung annimmt, müssen Sie sie in einer Sprache vorbringen, die ihr am besten Ihre Aufrichtigkeit vermittelt. In diesem Sinne wollen wir einmal einen Blick auf die fünf Sprachen des Entschuldigens werfen.

Sprache der Entschuldigung Nr. 1: Bedauern ausdrücken

Zum emotionalen Aspekt einer Entschuldigung gehört es, Bedauern auszudrücken. Bedauern konzentriert sich auf das, was man getan (oder unterlassen) hat und wie sich das auf den anderen ausgewirkt hat, sprich: auf Ihre Frau. **Ihrer Frau gegenüber Bedauern auszudrücken bedeutet, Ihre eigenen Schuldgefühle und Trauer über Ihr Verhalten, dass sie so tief verletzt hat, anzuerkennen.**

Wenn Ihre Frau tief verletzt worden ist, möchte sie, dass auch Sie ein Stück weit ihre Schmerzen spüren. Das hat nicht unbedingt etwas mit Rache zu tun. Sie möchte nur die Zusicherung bekommen, dass Sie verstehen, wie sie sich fühlt. Worte des aufrichtigen Bedauerns bieten diese Zusicherung.

Wer nicht „Es tut mir leid" gesagt hat, der hat sich nicht entschuldigt.

Ein einfaches „Es tut mir leid" kann viel bewirken, um nach einem Vergehen wieder Wohlwollen zu erzeugen. Fehlen allerdings die Worte „Es tut mir leid", fällt das vielen Frauen auf wie ein Trikot von Werder Bremen in der Fankurve von Bayern München. Es kommt immer wieder vor, dass „Mann" sich beim Entschuldigen gar nicht bewusst ist, diese vier Zauberworte ausgelassen zu haben. Doch Ihre Frau bemerkt es, darauf können Sie wetten. **Deswegen ist es die beste Strategie, sie gleich zu Anfang Ihrer Entschuldigung zu formulieren: „Es tut mir leid."**

Natürlich wird Aufrichtigkeit nicht nur an den Worten gemessen. Auch Ihre Körpersprache muss Ihr Bedauern ausdrücken.

Jim traten Tränen in die Augen, als er sich bei seiner Frau entschuldigte.

Robert sah seiner Frau in die Augen und hielt ihrem Blick stand, als er sein Bedauern bekundete.

Sean schüttelte genervt den Kopf, verdrehte die Augen und seufzte missmutig, als er zu seiner Frau sagte: „Es tut mir leid."

Dreimal dürfen Sie raten, wessen Frau die Entschuldigung nicht für aufrichtig hielt.

„Ich weiß, dass ich dich verletzt habe. Ich komme mir wie ein rücksichtsloser Idiot vor, weil ich dir so wehgetan habe. Es tut mir wirklich leid.“

„Es tut mir leid, dass ich deine Eltern gekränkt habe, aber du zeigst ihnen ja auch nicht gerade viel Respekt.“

„Es tut mir leid, dass ich so etwas Hässliches zu dir gesagt habe, aber ich hab ja auch nie behauptet, ein Unschuldslamm zu sein.“

„Das Letzte, was ich will, ist, dich zu enttäuschen. Ich hätte rücksichtsvoller sein sollen. Es tut mir leid, dass du dich nun wegen mir so schrecklich fühlst.“

Eine **Entschuldigung** sollte aber nicht nur aufrichtig, sondern auch **möglichst konkret** sein. „Es tut mir leid, dass ________________.“ Je mehr Details Sie nennen, umso mehr vermitteln Sie Ihrer Frau, dass Sie verstehen, was sie so verletzt hat. Und je tiefer Ihr Verständnis ist, umso höher die Wahrscheinlichkeit, dass Sie das gleiche Fehlverhalten in Zukunft nicht wiederholen werden.

Indem Sie konkret werden, geben Sie Ihrer Frau darüber hinaus die Möglichkeit, ihre Gefühle genauer zu erklären. Wenn Sie sagen: „Es tut mir leid, dass wir wegen mir zu spät zu der Schulveranstaltung gekommen sind“, überrascht Ihre Frau Sie vielleicht damit, dass sie sagt: „Das war es eigentlich gar nicht, was mich so gestört hat. Aber als wir am Samstag ins Kino gehen wollten, hast du uns alle angetrieben, pünktlich zu sein. Du sagtest, dass du es hasst, zu spät zu einem Film zu kommen. Es irritiert mich, dass du nicht dieselbe Dringlichkeit an den Tag legst, wenn es um die Band-Aufführung unserer Kinder geht."

Außerdem sollten Worte des Bedauerns für sich stehen. **Unter keinen Umständen sollte ein „Aber" folgen** („Es tut mir leid, dass ich gesagt habe, dass du mich an meine Mutter erinnerst ... aber manchmal provozierst du mich einfach so sehr"). Jedes Mal, wenn Sie die Schuld Ihrer Frau zuschieben, verwandeln Sie Ihre Entschuldigung in einen Angriff. Angriffe aber führen nie zu Vergebung und Versöhnung. Genauso gilt: Jedes Mal, wenn Sie Ihrer Entschuldigung eine Ausrede anfügen („Es tut mir leid, dass ich mich an unserem Hochzeitstag zum Golfspielen verabredet hatte, aber du hast Termine immer viel besser im Kopf als ich"), machen Sie die Entschuldigung dadurch zunichte.

Wenn Sie wollen, dass Ihre Frau versteht, wie aufrichtig Sie es meinen, dann müssen Sie lernen, die Sprache des Bedauerns zu sprechen. Sie müssen lernen, in welchem Zusammenhang Ihr Verhalten zu ihrer Verletzung steht. Nehmen Sie ihren Schmerz wahr, so wird es Ihrer Frau viel leichter fallen, Ihnen zu verzeihen.

Sprache des Entschuldigens Nr. 2: Verantwortung übernehmen

Warum fällt es einigen von uns so schwer zu sagen: „Ich habe das falsch gemacht"? Unser Widerwille, unser falsches Verhalten einzugestehen, ist häufig an unser Selbstwertgefühl gebunden. Wenn wir zugeben, dass wir etwas falsch gemacht haben, dann könnte uns das als Schwäche ausgelegt werden. Wir mögen denken: *Nur Schwächlinge gestehen Fehler ein. Intelligente Menschen versuchen zu zeigen, dass das, was sie getan haben, gerechtfertigt war.*

Auf diese Weise versuchen wir unsere mangelnde Einsicht „wegzuerklären". Wir überspielen, *was* wir getan haben, und konzentrieren uns lieber darauf, *warum* wir es getan haben.

Diese Art von „Rationalisierung" geschieht oft in Form von Schuldzuweisungen. Vielleicht geben wir ja zu, dass es nicht gut oder richtig war, was wir gesagt oder getan haben. Doch dann weisen wir ganz schnell darauf hin, dass unser Verhalten durch die Verantwortungslosigkeit eines anderen provoziert wurde. Wir schieben einem anderen die Verantwortung zu, weil wir uns schwer damit tun, zu sagen: „Das war falsch von mir."

Das ist ein großes Problem, **denn für viele Menschen sind es die Worte „Das war falsch von mir", die ihnen zeigen, dass eine Entschuldigung aufrichtig gemeint ist.** Falls Ihre Frau zu dieser Kategorie Mensch gehört, wird sie Ihre Entschuldigung nicht als aufrichtig empfinden, solange Sie nicht zu erkennen geben, dass Sie die Verantwortung für Ihr falsches Verhalten übernehmen. Es ist wichtig für Sie, das zu verstehen, wenn Sie sich aufrichtig für Ihr Verhalten entschuldigen wollen.

„Es wurden Fehler gemacht. Lass es uns dabei belassen."

„Es tut mir leid, dass dich das so aufregt, aber ich mach das ja nun nicht zum ersten Mal. So bin ich eben einfach."

„Es war falsch, wie ich mit dir gesprochen habe. Ich wollte mich rechtfertigen, und was ich gesagt habe, war unfreundlich und lieblos. Kannst du mir verzeihen?"

„Ich könnte mich jetzt versuchen zu rechtfertigen, doch das lässt sich nicht rechtfertigen. Das, was ich getan habe, war schlicht und einfach egoistisch und falsch."

„Mein Mann will nie zugeben, dass er etwas falsch gemacht hat. Er kehrt es einfach unter den Teppich und will nicht mehr darüber reden. Wenn ich es dann noch mal zur Sprache bringe, sagt er: ‚Ich weiß überhaupt nicht, was ich schon wieder falsch gemacht habe. Warum können wir die ganze Sache nicht einfach vergessen?' Würde er zugeben, dass es falsch war, würde ich ihm ja gerne verzeihen. Aber wenn er so tut, als wäre nichts gewesen, kann ich nur schwer darüber hinwegsehen. Ich wünschte, ich würde ihn nur einmal sagen hören: ‚Das war falsch von mir.'"

– Jenna

„Mein Mann Michael ist der ehrlichste Mann, den ich je kennengelernt habe. Ich meine nicht, dass er perfekt ist, sondern dass er immer bereit ist, seine Fehler einzugestehen. Vermutlich ist das der Grund, warum ich ihn so sehr liebe: Weil er immer bereit gewesen ist zu sagen: ‚Ich habe einen Fehler gemacht. Das war falsch von mir. Kannst du mir verzeihen?' Ich mag Leute, die bereit sind, für ihre Fehler geradezustehen."

– Lizzy

„Ich habe nie gehört, wie mein Vater sich bei meiner Mutter oder bei mir entschuldigt hat. Das fand ich heuchlerisch von ihm. Außer Haus war er ein erfolgreicher Mann, aber für mich war er ein Heuchler. Vermutlich entschuldige ich mich deshalb immer ganz schnell und gestehe meine Fehler gerne ein. Ich möchte, dass meine Beziehungen echt sind und ich weiß: Das geht nur, wenn ich bereitwillig zugebe, dass ich etwas falsch gemacht habe."

– Mike

Für diese Personen, genauso wie für viele andere, ist der wichtigste Teil einer Entschuldigung, Verantwortung zu übernehmen. Das ist es, was sie davon überzeugt, dass die Entschuldigung ehrlich gemeint ist. Wie eine Frau es einmal ausdrückte: „‚Tut mir leid' reicht nicht. Ich möchte, dass er einsieht, dass er etwas Falsches getan hat."

Wenn es Ihrer Frau ähnlich geht, wären Sie gut bedient, die Sprache „Verantwortung übernehmen“ fließend sprechen zu lernen.

Sprache des Entschuldigens Nr. 3: Es wiedergutmachen
Die Vorstellung, etwas „wiedergutzumachen“, nachdem man etwas falsch gemacht hat, ist in der menschlichen Psyche verankert. Sowohl unser Rechtssystem als auch unsere zwischenmenschlichen Beziehungen sind von dieser grundlegenden Vorstellung zutiefst beeinflusst. In den USA hat das Rechtssystem in den letzten Jahren zunehmend Betonung auf Wiedergutmachung gelegt – auf die Erwartung, dass Straftäter ihren Opfern den Schaden, den sie ihnen durch ihr kriminelles Verhalten zugefügt haben, zurückzahlen sollten. Statt einfach nur Zeit im Gefängnis abzusitzen, wird von dem Straftäter gefordert, verübtes Unrecht wiedergutzumachen.

„Irgendwie reicht das nicht, wenn ich einfach sage: ‚Es tut mir leid.‘ Ich möchte meinen Fehler wiedergutmachen. Was würdest du in dieser Hinsicht für angemessen halten?“

„Ich weiß, dass ich deine Zeit verschwendet habe. Kann ich dir etwas von meiner Zeit anbieten, um es auszugleichen?“

„Warum kannst du es nicht dabei bewenden lassen? Ich habe dir doch Blumen gekauft! Reicht das nicht?“

„Wenn es dir nicht reicht, dass ich mich bei dir entschuldige, dann weiß ich auch nicht, was ich dir sonst noch sagen soll.“

Die Idee eines Schadensersatzes basiert auf dem angeborenen menschlichen Empfinden, **dass ein Missetäter für sein Unrecht „bezahlen" sollte.** Dieses Konzept bildet auch die Grundlage für die dritte Sprache des Entschuldigens: das Wiedergutmachen.

In der Privatsphäre der Ehe ist unser Wunsch nach Wiedergutmachung fast immer auf unserem Bedürfnis nach Liebe gegründet. **Nachdem wir tief verletzt worden sind, brauchen wir die Zusicherung, dass der Partner, der uns verletzt hat, uns immer noch liebt.** Harsche Worte oder verletzendes Verhalten lassen die Liebe zweifelhaft erscheinen.

„Wie konnte sie mir das antun?" ist eine Frage, die sich in unsere Gedanken schleicht. Die Worte „Es tut mir leid; das war falsch von mir" reichen möglicherweise nicht aus. **Wir möchten die Antwort auf die Frage bekommen: „Liebst du mich noch?"**

Für einige Leute ist die Wiedergutmachung die primäre Muttersprache des Entschuldigens. Dem „Es tut mir leid" muss ihrer Meinung nach etwas folgen wie: „Was kann ich tun, um dir zu zeigen, dass ich dich immer noch liebe?" Ohne dieses Bemühen der Wiedergutmachung zweifeln sie die Aufrichtigkeit der Entschuldigung an. Sie werden sich weiterhin ungeliebt fühlen, ganz gleich, wie oft man sagt: „Das war falsch von mir."

Was genau erwarten diese Menschen?

„Ich erwarte schon Reue, aber auch ein aufrichtiges Bemühen, den Schaden wieder auszubessern, der durch das Zerwürfnis entstanden ist."

„Ich erwarte, dass er das, was falsch gelaufen ist, wieder richtet."

„Ich erwarte, dass es ihr von Herzen leidtut und sie bereit ist, die Sache wieder in Ordnung zu bringen."

Jeder dieser Menschen hat das Bemühen, für den Schaden aufzukommen, als den stärksten Beweis für die Aufrichtigkeit der Entschuldigung angesehen. Die Frage ist, wie man am effektivsten für den Schaden aufkommt. Da es bei der Wiedergutmachung im Grunde darum geht, Ihrer Partnerin zu versichern, dass Sie sie immer noch wirklich lieben, ist es ganz wichtig, dass Sie die Wiedergutmachung in ihrer Muttersprache der Liebe ausdrücken.

Für einige Menschen erfordert Wiedergutmachung nichts weiter als ein Wort der Anerkennung – im Zusammenhang der

Entschuldigung gesagt zu bekommen, wie wunderbar und geschätzt man ist.

Für einige ist Hilfsbereitschaft – staubsaugen, Geschirr spülen oder die Wäsche machen – das, was die Aufrichtigkeit der Entschuldigung beweist.

Für einige sagt nichts so sehr „Es tut mir leid" wie ein Geschenk – etwas, das zeigt, dass der andere an einen gedacht hat.

Für andere ist die Zweisamkeit – dem anderen seine ungeteilte Aufmerksamkeit zu schenken, während man sich entschuldigt – schon Wiedergutmachung genug.

Für wieder andere drückt nichts so sehr Liebe aus wie Zärtlichkeit. Für sie ist eine Entschuldigung ohne körperliche Berührung nicht aufrichtig.

Was immer die Liebessprache Ihrer Frau ist, denken Sie daran: **Eine aufrichtige Entschuldigung ist von dem Wunsch begleitet, den Fehler wiedergutzumachen, den Schaden zu beheben und Ihrer Partnerin zu versichern, dass sie Ihnen am Herzen liegt.**

Sprache des Entschuldigens Nr. 4: Ehrliche Reue

„Wir haben immer wieder dieselben Auseinandersetzungen." Die Frau, die mir diese Analyse mitteilte, war seit fast 30 Jahren verheiratet. „Das ist wohl bei den meisten Paaren so. Was mich am meisten aufregt, ist nicht so sehr das, *was* er tut; sondern dass er es *immer wieder* tut. Er entschuldigt sich. Er verspricht, es nicht wieder zu tun. Und dann tut er es trotzdem weiterhin – sei es nun, dass er das Licht im Badezimmer wieder anlässt oder verstimmt und unfreundlich ist. Ich will keine Entschuldigungen mehr hören. Ich will, dass er die Sachen sein lässt, die mich stören – ein für alle Mal."

Diese Frau wollte, dass sich ihr Mann besserte, dass er ehrliche Reue zeigte.

Das Wort „Reue" oder „Buße" bedeutet, dass man eine andere Richtung einschlägt beziehungsweise seine Gesinnung ändert. Für Sie als Ehepartner kann das bedeuten, dass Sie sich bewusst werden, wo Ihr Verhalten destruktiv wirkt. Sie bedauern den Schmerz, den Sie in Ihrer Frau hervorgerufen haben, und Sie entscheiden sich, Ihr Verhalten zu ändern.

Dazu gehört mehr, als nur zu sagen: „Es tut mir leid; das war falsch von mir. Wie kann ich es wiedergutmachen?" Wirklich „Buße" zu tun, bedeutet zu sagen: „Ich werde mich bemühen, es nicht wieder zu tun." Für einige Menschen ist es diese Beteuerung, die sie überzeugt, dass die Entschuldigung wirklich ernst gemeint ist.

Ohne aufrichtige Bußfertigkeit treffen die anderen Sprachen des Entschuldigens bei Ihrer Partnerin eventuell auf taube Ohren. Menschen, die verletzt worden sind, wollen wissen: „Hast du vor, dich wirklich zu bessern, oder haben wir nächste Woche wieder dieselbe Situation?"

„Es tut mir leid. Ich weiß, ich habe das schon mal gesagt, aber diesmal meine ich es ernst. Vertrau mir."

„Ich weiß, dass mein Verhalten dich sehr verletzt hat. Ich will das nie wieder tun. Ich bin offen für deine Vorschläge, wie ich mein Verhalten bessern kann."

„Ich habe dich enttäuscht, weil ich erneut den gleichen Fehler gemacht habe. Was kann ich tun, damit du mir wieder vertraust?"

„Tut mir leid, aber wenn du dich immer wieder an dem störst, was ich tue, bist du vielleicht diejenige, die sich ändern muss. Ist dir der Gedanke schon mal gekommen?"

Wer sich bei Entschuldigungen in erster Linie aufrichtige Veränderung wünscht, der beschreibt seine Erwartungen an den Partner zum Beispiel so:

„Er soll zeigen, dass er bereit ist, sich zu verändern, und sich das nächste Mal anders verhalten."

„Ich erwarte, dass er nach Wegen sucht, wie er dieselbe Situation das nächste Mal vermeiden kann."

„Ich erwarte, dass er sein Verhalten ändert, damit er mich nicht wieder verletzt."

„Ich möchte, dass er einen Plan entwickelt, wie er die Sache in den Griff bekommt, und dass er es nicht wieder vermasselt."

„Ich erwarte von ihm, dass er nicht ein paar Minuten später wieder ausrastet oder das Gleiche noch mal tut."

Diese und zahllose andere Aussagen zeigen, dass für viele Menschen eine echte Entschuldigung das aufrichtige Vorhaben beinhalten muss, sich zu bessern.

Wie aber spricht man diese Sprache der „Buße" und Reue? **Es fängt mit der Beteuerung an, dass man sich ändern will.** Jede dauerhafte Änderung fängt im Herzen an. Wir erkennen an, dass das, was wir getan haben, falsch ist und dass wir durch unser Verhalten einen Menschen verletzt haben, den wir lieben. Wir entschließen uns, unser Verhalten zu verändern. Dann teilen wir diese Entscheidung demjenigen mit, den wir verletzt haben, in unserem Fall also unserer Partnerin.

Die Entscheidung, unser Verhalten zu ändern, zeigt dem anderen, dass wir keine Ausflüchte mehr machen wollen. Wir spielen unser Fehlverhalten nicht mehr herunter, sondern akzeptieren die volle Verantwortung für unser Tun.

Wenn Sie Ihrer Frau Ihr Vorhaben mitteilen, dass Sie sich verändern wollen, dann zeigen Sie ihr dadurch, was in Ihnen vorgeht. Sie gewähren ihr einen Einblick in Ihr Herz. Und oft reicht das schon, um sie zu überzeugen, dass es Ihnen ernst ist.

Sprache des Entschuldigens Nr. 5: Um Verzeihung bitten

Es ist aus drei Gründen wichtig, den anderen um Verzeihung zu bitten. Erstens **zeigt es, dass Sie Ihre Beziehung wieder in**

Ordnung bringen möchten. Ron und Nancy z. B. sind seit 15 Jahren verheiratet. Wenn Nancy sich bei Ron für ein Fehlverhalten entschuldigt, dann kommt es Ron vor allem darauf an, ob sie auch um Verzeihung bittet. „Wenn sie mich um Vergebung bittet, weiß ich, dass sie die Sache nicht einfach unter den Teppich kehren will. Sie will, dass unsere Beziehung aufrichtig und echt bleibt. Was immer sie sonst noch als Entschuldigung vorbringt – wenn sie mich um Verzeihung bittet, zeigt mir das, dass sie es ehrlich meint. Das macht es leicht, ihr zu verzeihen. Ich weiß, dass sie unsere Beziehung mehr wertschätzt als alles andere. Das gibt mir ein gutes Gefühl."

Ärgert sich ein Ehepartner, baut das sofort eine Mauer zwischen dem Paar auf. Solange diese Mauer nicht beseitigt ist, kann es mit der Beziehung nicht vorangehen. Eine Entschuldigung ist der Versuch, diese Mauer einzureißen. Sollten Sie feststellen, dass eine Entschuldigung bei Ihrer Frau vor allem dann ankommt, wenn Sie um Verzeihung bitten, dann ist das der sicherste Weg, die Mauer zu beseitigen. Es zeigt ihr, dass Sie wirklich wieder alles zwischen Ihnen in Ordnung bringen wollen.

Ein zweiter Grund für die Bitte um Verzeihung ist es, dass dadurch zum Ausdruck kommt: **„Ich bin mir bewusst, dass ich etwas falsch gemacht habe.** Ich habe meine Frau gekränkt, sei es wissentlich oder unwissentlich." Vielleicht war das, was Sie gesagt oder getan haben, moralisch gesehen nicht unbedingt falsch. Vielleicht meinten Sie es nur als Spaß. Aber es hat Ihre Frau trotzdem gekränkt. Und jetzt ist sie wütend auf Sie. Die Kränkung hat eine Kluft in Ihrer Beziehung aufgetan, die Sie mit einer Bitte um Verzeihung überbrücken müssen, besonders, wenn das für Ihre Frau die Muttersprache des Entschuldigens ist. Es ist ein Schuldeingeständnis, wenn Sie sie um Verzeihung bitten. Es zeigt Ihrer Frau, dass Sie eingesehen haben, dass Sie Ihr falsches Verhalten in irgendeiner Form wiedergutmachen müssen.

Drittens **zeigt die Bitte um Verzeihung, dass Sie bereit sind, die Zukunft Ihrer Beziehung in die Hände Ihrer Frau zu legen** – in die Hände der Person, die gekränkt worden ist. Sie haben Ihren Fehler eingestanden. Sie haben Ihr Bedauern ausgedrückt.

Vielleicht haben Sie sogar angeboten, Wiedergutmachung zu leisten. Doch nun sagen Sie: „Kannst du mir verzeihen?“ Sie wissen, dass Sie diese Frage nicht für Ihre Frau beantworten können. Es ist eine Entscheidung, die sie selbst treffen muss. Und die Zukunft Ihrer Beziehung hängt von ihrer Entscheidung ab. Das entzieht Ihnen die Kontrolle, was für die meisten von uns ungemein schwer zu akzeptieren ist.

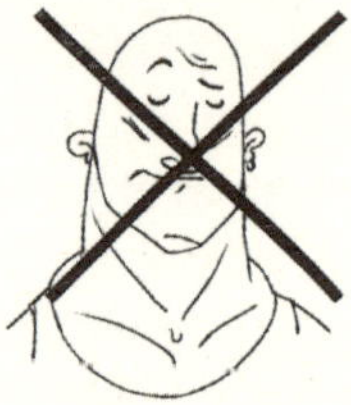

„Soweit ich weiß, hat nur Gott die Befugnis, zu vergeben. Ich hab doch schon gesagt, dass es mir leidtut. Wenn dir das nicht reicht, dann weiß ich auch nicht, was ich sonst noch sagen soll.“

„Es tut mir leid, dass ich so mit dir gesprochen habe. Ich weiß, das war ziemlich laut und barsch. Das hast du nicht verdient. Das war total falsch von mir und ich möchte dich gerne um Verzeihung bitten.“

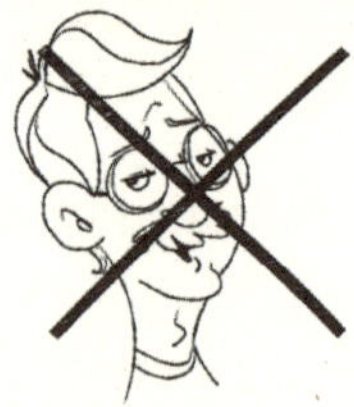

„Ich wünschte, du würdest nicht immer das Opfer spielen. Du hast dich mal wieder gekränkt gefühlt, na und? Wein dich aus. Du wirst es überleben.“

„Ich bin mir bewusst, dass dich mein Verhalten tief verletzt hat. Und ich kann verstehen, wenn du nie wieder mit mir sprechen willst. Es tut mir wirklich leid, was ich getan habe. Ich hoffe, dass du dich dazu durchringen kannst, mir zu verzeihen.“

Der Bitte um Verzeihung deutlich mit Worten Ausdruck zu verleihen, das ist oft der Schlüssel, der die Tür zu Vergebung und Versöhnung öffnet. Vielleicht ist es das *eine* Element Ihrer Entschuldigung, auf das Ihre Frau wartet.

„Kannst du mir bitte verzeihen?" ist *der* Bestandteil der Entschuldigung, der Ihre Partnerin überzeugt, dass sie wirklich von Herzen kommt. Ohne die Bitte um Verzeihung können Sätze wie „Es tut mir leid", „Das war falsch von mir", „Ich mache es wieder gut" und „Ich mach das nie wieder" wie leichthin gesprochene Floskeln klingen. Falls Ihre Frau eine Entschuldigung am besten durch eine Bitte um Verzeihung annehmen kann, dann müssen Sie lernen, solche Bitten zu äußern. Dadurch begreift Ihre Frau, dass Sie es aufrichtig meinen.

Zu guter Letzt

Die Kunst des Entschuldigens ist nicht unbedingt leicht. Den meisten Leuten ist diese Kunst nicht in die Wiege gelegt, doch alle können sie erlernen. Es ist die Mühe wert. Es eröffnet ganz neue Welten des emotionalen und geistlichen Wohlergehens, wenn wir lernen, uns zu entschuldigen. Nachdem wir das getan haben, können wir uns selbst wieder im Spiegel ansehen – und unserer Frau in die Augen schauen.

Vergessen Sie nicht: Wer sich aufrichtig entschuldigt, dem wird in den meisten Fällen auch ehrlich vergeben.

Häufig gestellte Fragen

1. Was mache ich, wenn ich meine Muttersprache der Liebe nicht eindeutig herausfinde?
„Ich habe den Liebessprachen-Test gemacht, aber die Punktzahl ist überall fast gleich, ausgenommen Geschenke. Ich weiß, dass Geschenke nicht meine Liebessprache sind. Was soll ich tun?"

Im Buch habe ich darüber gesprochen, dass es drei Methoden gibt, wie man seine Liebessprachen entdecken kann.

- Erstens können Sie beobachten, wie Sie am häufigsten Liebe gegenüber anderen ausdrücken. Wenn Sie immer sehr hilfsbereit sind, ist das vielleicht Ihre Sprache der Liebe. Wenn Sie ständig Lob austeilen, dann ist Lob und Anerkennung vermutlich Ihre Liebessprache.

- Zweitens können Sie überlegen, worüber Sie sich am häufigsten beklagen. Wenn Sie Ihrer Frau z. B. sagen: „Ich glaube, du würdest mich nie umarmen, wenn ich dich nicht zuerst umarmen würde", dann offenbaren Sie dadurch, dass Zärtlichkeit Ihre Muttersprache der Liebe ist. Wenn Ihre Frau einkaufen geht und Sie hinterher sagen: „Hast du mir gar nichts mitgebracht?", dann zeigt das, dass Geschenke Ihre Liebessprache sind. Die Klage „Wir verbringen nie Zeit miteinander" zeigt, dass die Liebessprache die Zweisamkeit ist. Ihre Klagen offenbaren Ihre tiefsten Wünsche. (Falls Sie sich nicht so recht erinnern können, worüber Sie sich am meisten beklagen, fragen Sie Ihre Frau. Sie wird es wissen.)

- Drittens können Sie darüber nachdenken, was Sie sich am häufigsten von Ihrer Frau erbitten. Wenn Sie fragen: „Kannst du mir den Rücken massieren?", dann bitten Sie dadurch um Zärtlichkeit. „Könnten wir diesen Monat vielleicht ein gemeinsames Wochenende einplanen, an dem wir irgendwo hinfahren?" ist ein Wunsch nach Zweisamkeit. „Könntest du diesen Nachmittag vielleicht den Schrank ausräumen?" drückt den Wunsch aus, dass der andere sich hilfsbereit zeigt.

Ein Mann erzählte mir einmal, dass er seine Sprache der Liebe einfach durch ein Ausschlussverfahren entdeckt hat. Er wusste, dass Geschenke definitiv nicht seine Liebessprache waren, also blieben ihm noch vier übrig. Er fragte sich: „Wenn ich eine der vier aufgeben müsste – auf welche könnte ich am ehesten verzichten?" Seine Antwort war Zweisamkeit. „Nun sind noch drei übrig. Wenn ich eine weitere Liebessprache aufgeben müsste, welche wäre das?" Er kam zu dem Schluss, dass er (bis auf Sex) durchaus auf Zärtlichkeit verzichten könnte. Er würde auch gut ohne Umarmungen und Händchenhalten auskommen. Jetzt blieben nur noch Hilfsbereitschaft sowie Lob und Anerkennung übrig. Obwohl er durchaus zu schätzen wusste, was seine Frau für ihn tat, waren es doch ihre anerkennenden Worte, die ihm wirklich Leben einhauchten. Eine einzige positive Bemerkung von ihr konnte ihn durch den ganzen Tag tragen. So viel bedeutete ihm ihre Anerkennung. Da lag die Schlussfolgerung nahe, dass Lob und Anerkennung seine Muttersprache der Liebe waren und Hilfsbereitschaft seine „Zweitsprache".

2. Was tue ich, wenn ich die Liebessprache meiner Frau nicht entdecken kann?

„Meine Frau hat das Buch nicht gelesen, aber wir haben über die fünf Sprachen der Liebe gesprochen. Sie sagt, dass sie nicht weiß, was ihre Liebessprache ist."

Mein erster Vorschlag wäre, ihr das Buch *Die fünf Sprachen der Liebe: Wie Kommunikation in der Ehe gelingt* zu schenken. Wenn sie es liest, wird sie Ihnen wahrscheinlich gerne von sich aus ihre Liebessprache mitteilen. Falls sie jedoch kein Interesse daran hat, das Buch zu lesen, würde ich vorschlagen, dass Sie sich ähnliche Fragen über Ihre Frau stellen wie in Frage Nr. 1.

- Wie drückt Ihre Frau am häufigsten ihre Liebe gegenüber anderen aus?
- Worüber beklagt sie sich am meisten?
- Worum bittet sie am häufigsten?

Die Klagen Ihrer Frau mögen Sie zwar gelegentlich irritieren, doch eigentlich vermitteln sie Ihnen wertvolle Informationen. Wenn Ihre Frau sagt: „Wir verbringen nie Zeit miteinander", sind Sie vielleicht versucht zu sagen: „Wie bitte? Wir sind doch erst Donnerstagabend essen gegangen!" Derart defensive Erwiderungen verhindern ehrliche Kommunikation. Wenn Sie hingegen antworten: „Was würdest du denn gerne mit mir machen?", bekommen Sie wahrscheinlich eine hilfreiche Antwort. Das, worüber sich Ihre Frau beklagt, ist der deutlichste Hinweis auf ihre Muttersprache der Liebe.

Eine weitere Herangehensweise ist, ein fünfwöchiges Experiment durchzuführen. In der ersten Woche konzentrieren Sie sich auf eine der Liebessprachen und versuchen, sie jeden Tag zu „sprechen". Beobachten Sie, wie Ihre Frau darauf reagiert. Am Samstag und Sonntag legen Sie eine Pause ein. In der zweiten Woche – Montag bis Freitag – konzentrieren Sie sich auf eine weitere Liebessprache. Machen Sie das fünf Wochen lang jeweils mit einer anderen Sprache der Liebe. In der Woche, in der Sie die Muttersprache Ihrer Frau sprechen, wird sich der Unterschied höchstwahrscheinlich auf ihrem Gesicht und durch ihre Reaktionen zeigen.

3. Ändert sich die Muttersprache der Liebe mit zunehmendem Alter?

Ich glaube, dass die Muttersprache der Liebe für jeden von uns im Großen und Ganzen das Leben lang gleich bleibt. Es ist wie bei vielen anderen Charaktereigenschaften, die sich früh entwickeln und dann bestehen bleiben. Ein hochorganisierter Mensch war vermutlich schon als Kind organisiert. Jemand, der immer locker und entspannt ist, hatte wahrscheinlich auch schon als Kind diese Eigenschaften. Das ist bei zahlreichen Persönlichkeitsmerkmalen so.

Allerdings kann es bestimmte Lebenssituationen geben, aufgrund derer andere Liebessprachen zunehmend attraktiv werden. So ist Ihre Muttersprache der Liebe vielleicht Lob und Anerkennung, doch wenn Sie im Moment gerade zwei Jobs gleichzeitig meistern müssen, dann wird Ihnen die Hilfsbereitschaft Ihrer Frau ungemein viel bedeuten. Wenn sie Ihnen in einer solchen Situation nur Lob und Anerkennung schenkt, aber nicht anbietet, im Haushalt zu helfen, kann das Gefühl in Ihnen aufkommen: „Ich habe es satt, immer ‚Ich liebe dich' von dir zu hören, wenn du nie auch nur einen Finger rührst, um mir zu helfen." In der Phase, in der Sie zwei Jobs meistern müssen, mag es den Anschein haben, als wäre Hilfsbereitschaft Ihre Muttersprache der Liebe geworden. Allerdings würden Sie ganz schnell merken, dass Lob und Anerkennung doch Ihre eigentliche Muttersprache ist, wenn Ihre Frau Ihnen nicht mehr ihre Anerkennung aussprechen würde.

Wenn eines Ihrer Elternteile oder ein enger Freund stirbt, kann eine lange Umarmung Ihrer Partnerin Ihnen in dieser Situation am meisten bedeuten, selbst wenn Zärtlichkeit nicht Ihre Muttersprache der Liebe ist. Trauert man, hat die körperliche Zärtlichkeit die Kraft, uns das Gefühl von Liebe und Rückhalt zu vermitteln. Das heißt, selbst wenn Zärtlichkeit nicht Ihre Hauptsprache der Liebe ist, kann sie Ihnen in bestimmten Situationen ungemein wichtig sein.

4. Trifft das Konzept der fünf Liebessprachen auch auf Kinder zu?

Auf alle Fälle. Jedes Kind hat einen „Liebesstank". Wenn Kinder sich von ihren Eltern geliebt wissen, wachsen sie normal auf. Ist ihr Liebestank hingegen leer, wachsen sie mit vielen inneren Kämpfen auf. Als Teenager machen sie sich dann auf die Suche nach Liebe, häufig an den falschen Orten. Deswegen ist es so wichtig, dass Eltern lernen, ihren Kindern auf effektive Weise Liebe zu vermitteln. Vor einiger Zeit habe ich mich mit dem Psychiater Ross Campbell zusammengetan, um *Die fünf Sprachen der Liebe für Kinder* zu schreiben. Das Buch soll Eltern helfen, die Muttersprache der Liebe ihrer Kinder zu entdecken. Außerdem beschreibt es, in welchem Zusammenhang die Liebessprache ihres Kindes mit seinen Aggressionen, seinem Lernen und seiner Bestrafung steht.

Das Buch stellt heraus, dass Kinder lernen müssen, Liebe in allen fünf Liebessprachen zu sprechen. Das erzeugt emotional gesunde Erwachsene. Für Eltern ist es demnach empfehlenswert, das Kind großzügig mit seiner Muttersprache der Liebe zu überschütten und mit den anderen vier regelmäßig in Kontakt zu bringen. Wenn Kinder durch alle fünf Liebessprachen Liebe erhalten, lernen sie mit der Zeit auch, in allen fünf Liebessprachen zu kommunizieren.

5. Ändert sich die Liebessprache von Kindern, wenn sie ins Teenageralter kommen?

„Ich habe Die fünf Sprachen der Liebe für Kinder *gelesen und es hat uns ungemein bei unserer Erziehung der Kinder geholfen. Inzwischen ist unser Sohn jedoch Teenager. Wir machen dasselbe wie früher, aber irgendwie funktioniert das nicht mehr. Ich frage mich, ob sich wohl seine Liebessprache geändert hat?"*

Ich glaube nicht, dass sich die Liebessprache eines Kindes mit 13 Jahren plötzlich ändert. Es ist eher so, dass Sie die Muttersprache Ihres Kindes auf neue Weise sprechen müssen. Das, was Sie in der Vergangenheit für Ihren Teenager getan haben, empfindet er nun als kindisch.

Wenn die Sprache der Liebe Ihres Teenagers z. B. die Zärtlichkeit ist und Sie ihn immer noch genauso umarmen und auf die Wange küssen wie früher, kann es gut sein, dass er Sie jetzt wegdrückt und sagt: „Lass mich in Ruhe." Das bedeutet nicht, dass er keine körperliche Berührung mehr braucht. Es bedeutet nur, dass er diese Art von Berührung nun für unangemessen hält. Sie müssen lernen, Zärtlichkeit in einem „erwachseneren" Dialekt zu sprechen – beispielsweise einen freundschaftlichen Stoß mit dem Ellenbogen in die Seite, eine sanfte Faust auf die Schulter, ein Klopfen auf den Rücken. Oder Sie können mit Ihrem Teenager zum Spaß kämpfen und ihn zu Boden werfen. Schlimm wäre es, wenn Sie sich von einem Teenager, der Zärtlichkeit als Muttersprache der Liebe spricht, zurückziehen.

Mehr dazu, wie Sie mit Teenagern umgehen können, finden Sie in *Die fünf Sprachen der Liebe für Teenager*.

6. Was ist zu tun, wenn Ihnen die Liebessprache Ihrer Frau schwerfällt?

„Bei uns zu Hause haben wir nie viele Zärtlichkeiten ausgetauscht, und jetzt entdecke ich, dass die Liebessprache meiner Frau Zärtlichkeit ist. Es fällt mir echt schwer, da die Initiative zu ergreifen.“

Die gute Nachricht für Sie ist: Alle fünf Sprachen der Liebe können erlernt werden. Es stimmt zwar, dass die meisten von uns nur mit einer oder zwei dieser Liebessprachen aufwachsen. Das sind die Sprachen, die uns im Blut liegen und uns leicht von der „Zunge“ gehen. Die anderen müssen erlernt werden. Wie bei allen Lernsituationen im Leben sind es die kleinen Schritte, durch die wir am Ende große Strecken bewältigen.

Falls Zärtlichkeit die Sprache Ihrer Frau ist, Ihnen aber das Berühren nicht so liegt, fangen Sie mit kleinen Zärtlichkeiten an. Sie können ihr beispielweise die Hand auf die Schulter legen, während Sie sich einen Kaffee eingießen, oder Sie können ihr beim Vorbeigehen kurz über den Rücken streichen. Diese kleinen Berührungen werden schon mal erste Barrieren einreißen. Jedes Mal, wenn Sie Ihre Frau berühren, wird es das nächste Mal ein wenig leichter für Sie werden. Und mit der Zeit werden Sie die Sprache der Zärtlichkeit fließend sprechen können.

Dasselbe gilt für die anderen Sprachen der Liebe. Falls Lob und Anerkennung nicht automatisch aus Ihnen heraussprudelt, dies aber die Liebessprache Ihrer Frau ist, dann machen Sie sich eine Liste von anerkennenden Worten. Worte, die Sie andere Leute sagen hören oder in den Medien aufschnappen. Stellen Sie sich vor einen Spiegel und lesen Sie diese Sätze und Worte laut vor, bis es Ihnen nicht mehr komisch vorkommt. Dann suchen Sie sich eines der Worte von der Liste aus, um es Ihrer Frau zu sagen. Jedes Mal, wenn Sie ihr Ihre Anerkennung aussprechen, wird es Ihnen leichter fallen. Nicht nur Ihre Frau wird sich über Ihr verändertes Verhalten freuen, sondern Sie werden sich auch selbst besser fühlen. Nun können Sie Ihrer Frau auf eine Weise Ihre Liebe vermitteln, die auch bei ihr „ankommt".

7. Sind einige der Sprachen der Liebe mehr unter Frauen verbreitet und andere eher unter Männern?

Ich habe nie die nötigen Forschungen unternommen, um festzustellen, ob bestimmte Liebessprachen verstärkt einem bestimmten Geschlecht zuzuordnen sind. Mein persönlicher Austausch mit Menschen legt nahe, dass Männer eher zu den Liebessprachen Zärtlichkeit sowie Lob und Anerkennung neigen, und Frauen eher die Sprachen der Zweisamkeit und Geschenke sprechen. Doch ich kann nicht sagen, ob das statistisch gesehen zutrifft.

Ich ziehe es vor, die Sprachen der Liebe als geschlechtsneutral zu betrachten. Ich kann mit Sicherheit sagen, dass jede der fünf Liebessprachen sowohl von einem Mann als auch von einer Frau als Muttersprache gesprochen werden kann. In der Ehe kommt es nun darauf an, sowohl Mutter- als auch Zweitsprache Ihrer Partnerin zu entdecken und diese dann regelmäßig zu sprechen. Tun Sie das, schaffen Sie ein gesundes emotionales Klima, in der Ihre Ehe gedeihen kann.

8. Wie haben Sie die fünf Sprachen der Liebe entdeckt?

Jahrelang habe ich Paaren in meiner Beratungspraxis geholfen, zu entdecken, durch welches Verhalten sich der Partner am ehesten geliebt fühlt. Mit der Zeit fiel mir ein Muster in ihren Antworten auf. Ich stellte fest: Das, was der einen Person das Gefühl gibt, geliebt zu sein, wirkt bei einer anderen Person nicht auf dieselbe Weise. Ich ging die Notizen durch, die ich mir bei den Gesprächen gemacht hatte, und stellte mir jedes Mal die Frage: „Was hat sich die Person, die äußerte, *Ich habe das Gefühl, dass mein Partner mich nicht liebt*, am meisten gewünscht? Alle Antworten waren fünf Kategorien zuzuordnen. Später habe ich diese Kategorien dann die „Fünf Sprachen der Liebe“ genannt.

Ich fing an, mit diesen „Sprachen“ in Workshops und Gesprächsgruppen zu arbeiten. Dabei bemerkte ich, wie viele Paare plötzlich eine Art Erleuchtung zu haben schienen. Mit einem Mal wurde ihnen bewusst, warum sie einander emotional „unterversorgt“ hatten. Als sie dann die Liebessprache des anderen entdeckten und zu sprechen begannen, brachte das eine radikale Änderung in das emotionale Klima ihrer Ehe.

Ich beschloss, ein Buch zu schreiben, durch das ich dieses Konzept verbreiten konnte. Ich erhoffte mir, dadurch einen positiven Einfluss auf Paare ausüben zu können, die nie zu mir in die Beratung kämen. Inzwischen, da sich das Buch allein in Englisch 9 Millionen Mal verkauft hat und weltweit in 50 Sprachen übersetzt wurde, ist mein Bemühen reichlich belohnt worden.

9. Gibt es die fünf Sprachen der Liebe auch in anderen Kulturen?

Da ich akademisch gesehen ursprünglich aus der Anthropologie komme, war das tatsächlich eine Frage für mich, als ich von einem spanischen Verlag um Erlaubnis gebeten wurde, das Buch ins Spanische übersetzen zu können. Meine erste Reaktion war: „Ich weiß nicht, ob dieses Konzept auch auf eine spanisch beeinflusste Kultur zutrifft. Ich habe es in einem angelsächsischen Rahmen entdeckt.“

Der Verlag meinte dazu: „Wir haben das Buch gelesen, und das Konzept funktioniert wunderbar auch in der spanischen Kultur.“ Dann kam die französische Ausgabe heraus, die deutsche, die niederländische und viele weitere. In nahezu jeder Kultur ist das Buch ein Bestseller des Verlages geworden. Das bringt mich zu dem Schluss, dass diese fünf grundlegenden Arten des Liebeserweises kulturübergreifend zutreffen.

Die *Dialekte* dieser Sprachen können jedoch von Kultur zu Kultur unterschiedlich sein. So sind beispielweise einige Arten der Berührung, die in der einen Kultur angebracht sind, gänzlich unangebracht in einer anderen. Die Art von Hilfsbereitschaft, die in der einen Kultur „gesprochen“ wird, mag nicht in einer anderen gesprochen werden. Doch solange man diese kulturellen Anpassungen vornimmt, hat das Konzept der fünf Liebessprachen weitreichende positive Auswirkungen auf Paare in einer Vielzahl von Kulturen.

10. Wie erklären Sie den Erfolg von *Die fünf Sprachen der Liebe***?**
Ich glaube, unser tiefstes emotionales Bedürfnis ist das Verlangen, geliebt zu werden. Wenn wir verheiratet sind, ist die Person, von der wir uns am meisten Liebe ersehnen, unser Partner. Fühlen wir uns von unserem Partner geliebt, dann erstrahlt die ganze Welt in einem helleren Licht. Das Leben ist schön. Fühlen wir uns hingegen zurückgewiesen oder außer Acht gelassen, ziehen dunkle Wolken auf.

Die meisten Paare heiraten, solange das euphorische Gefühl der Verliebtheit noch anhält. Wenn sich dieses Gefühl dann nach der Hochzeit mit der Zeit verflüchtigt und die Unterschiede des Paares zutage treten, kommen Konflikte auf. Ohne einen konstruktiven Plan, wie man diese Konflikte lösen kann, gehen beide Seiten in Angriffsstellung. Harsche Worte fallen, durch die Gefühle verletzt werden, Enttäuschungen entstehen und Wut kommt auf. Dann fühlen sich Mann und Frau nicht nur ungeliebt, sondern entwickeln sogar einen Groll gegen den anderen.

Ehepaare, die *Die fünf Sprachen der Liebe* lesen, entdecken, warum sie die romantischen Gefühle der Anfangszeit verloren haben und wie sie die liebevollen Gefühle füreinander wieder entfachen können. Fangen sie erst einmal an, die Muttersprache der Liebe des anderen zu sprechen, sind sie überrascht, wie schnell sich ihre Gefühle zum Positiven wenden. Ist der Liebestank erst einmal gefüllt, können sie ihre Konflikte in einer viel positiveren Weise austragen und praktische Lösungen finden.

Die Erneuerung der Liebe schafft ein positives emotionales Klima zwischen den beiden Partnern. Sie lernen, wieder als Team zusammenzuarbeiten – sich gegenseitig zu ermutigen, zu unterstützen und zu helfen, bedeutsame Ziele zu erreichen.

Ist eine solche positive Veränderung erst einmal eingetreten, möchte das Paar gerne die Idee der fünf Liebessprachen mit Freunden und Bekannten teilen.

Ich glaube, dass der Erfolg von *Die fünf Sprachen der Liebe* darauf zurückzuführen ist, dass Paare das Buch gelesen, die Sprache des Partners erlernt und es dann anderen weiterempfohlen haben.

11. Was kann ich tun, wenn ich die Liebessprache meiner Frau spreche und sie nicht darauf reagiert?

„Meine Frau wollte das Buch nicht lesen, also beschloss ich, den Anfang zu machen und ihre Liebessprache zu sprechen. Doch es hat sich nichts verändert. Sie hat noch nicht mal zur Kenntnis genommen, dass ich etwas anders gemacht habe. Wie lange soll ich weiter ihre Sprache der Liebe sprechen, wenn ich keine Reaktion von ihr bekomme?"

Ich weiß, es kann ziemlich entmutigend sein, wenn man das Gefühl hat, dass man in seine Ehe investiert, ohne Resultate zu sehen. Es gibt zwei Möglichkeiten, warum die Partnerin nicht auf die Mühen des Mannes anspricht. Die erste und wahrscheinlichste Möglichkeit ist, dass der Mann die falsche Liebessprache erlernt hat.

Viele Männer gehen davon aus, dass die Liebessprache ihrer Partnerin die Hilfsbereitschaft sei. Also nehmen sie alle möglichen häuslichen Projekte in Angriff. Wie wild arbeiten sie die häusliche Aufgabenliste ab. Sie bemühen sich aufrichtig, die Liebessprache ihrer Frau zu sprechen. Wenn diese dann die Anstrengungen noch nicht einmal wahrnimmt oder anerkennt, kommt schnell Frustration auf.

In Wirklichkeit mag die Muttersprache der Partnerin jedoch z. B. Lob und Anerkennung sein. Da ihr Mann sich von ihr nicht geliebt fühlt, ist er seiner Frau gegenüber vielleicht immer wieder kritisch. Seine kritisierenden Worte wirken allerdings wie Dolche in ihrem Herzen. Also zieht sie sich von ihm zurück. Sie leidet im Stillen, während er frustriert ist, dass sein Bemühen, ihre Ehe zu verbessern, erfolglos bleibt. Das Problem ist nicht, dass er nicht aufrichtig ist. Das Problem ist, dass er schlicht und einfach die falsche Sprache der Liebe spricht.

Angenommen, Sie sprechen jedoch tatsächlich die Muttersprache Ihrer Frau. Dann kann es noch einen anderen Grund geben, warum sie nicht positiv darauf reagiert – wenn sie nämlich schon eine romantische Beziehung außerhalb der Ehe eingegangen ist, sei es auf emotionaler oder sexueller Ebene. In diesem Fall empfindet sie vermutlich Ihre Bemühungen als verspätet. Sie kann sogar das Gefühl haben, dass Ihre Anstrengungen nur vorübergehend sind und ein Mittel darstellen, sie in der Ehe zu halten. Doch selbst wenn Ihre Frau kein außereheliches Verhältnis hat, kann sie Ihre Versuche als manipulierend empfinden, wenn Ihre Beziehung vorher schon lange von gegenseitiger Feindseligkeit geprägt war.

In einer solchen Situation ist die Versuchung groß, aufzugeben und einfach nicht mehr die Liebessprache Ihrer Partnerin zu sprechen, da sie ja sowieso nichts zu bewirken scheint. Das Schlimmste aber, was Sie tun können, ist, dieser Versuchung nachzugeben. Wenn Sie aufgeben, bestätigt das nur die Vermutung Ihrer Frau, dass Sie sie durch Ihr Bemühen manipulieren wollten.

Sprechen Sie einfach weiterhin regelmäßig die Sprache der Liebe Ihrer Frau, ganz gleich, wie sie Sie behandelt. Setzen Sie sich das Ziel, das ein halbes Jahr, ein Dreivierteljahr oder ein Jahr lang konsequent zu tun. Ihre Einstellung sollte lauten: *Ganz gleich, wie sie reagiert, ich werde sie dauerhaft in ihrer Liebessprache lieben. Wenn sie mich verlässt, dann verlässt sie jemanden, der sie bedingungslos liebt.* Eine solche Haltung hält Sie auf einem positiven Weg, selbst wenn Sie sich entmutigt fühlen.

Es spricht Bände, wenn Sie Ihre Frau auch dann noch lieben, wenn sie nicht positiv reagiert. Wie auch immer Ihre Frau sich letztlich entscheiden wird – zumindest können Sie getrost sein, dass Sie alles versucht haben, um Ihre Ehe zu retten. Und wenn Ihre Frau schließlich doch Ihre Liebe erwidert, haben Sie die Kraft der bedingungslosen Liebe bewiesen. Dann werden Sie beide in den Genuss einer erneuerten Liebesbeziehung gelangen.

12. Kann unsere Liebe auch nach einem Seitensprung erneuert werden?

Nichts zerschmettert eheliche Intimität so sehr wie sexuelle Untreue. Der Geschlechtsverkehr ist ein verbindendes Erlebnis.

Dieses vereint zwei Menschen auf die tiefst mögliche Weise. Nahezu alle Kulturen kennen eine öffentliche Hochzeitszeremonie und eine private Vollziehung der Ehe durch Geschlechtsverkehr. Sex ist als ein einzigartiger Ausdruck unserer lebenslangen Verbindlichkeit dem Partner gegenüber gedacht. Wird diese Verbindlichkeit gebrochen, so ist das verheerend für die Ehe.

Das bedeutet jedoch nicht, dass die Ehe notwendigerweise zum Scheitern verurteilt ist. Wenn derjenige, der die Affäre eingegangen ist, sie beendet und mit Hingabe daran arbeitet, die Ehe wieder aufzubauen, kann es echte Wiederherstellung geben.

In meiner Tätigkeit als Eheberater habe ich viele Paare begleitet, die nach sexueller Untreue wieder Heilung erfahren haben. Dazu gehört nicht nur, der Affäre ein Ende zu bereiten, sondern auch zu entdecken, was überhaupt erst zu der Affäre geführt hat.

Eine erfolgreiche Wiederherstellung der Ehe erfordert, dass Sie zweigleisig fahren. Erstens muss der untreue Partner bereit sein, seine eigene Persönlichkeit, seine Vorstellungen und seinen Lebensstil, die zu der Affäre geführt haben, unter die Lupe zu nehmen. Er muss die Bereitschaft aufweisen, bestimmte Einstellungen und Verhaltensmuster zu ändern. Zweitens muss das Paar bereit sein, gemeinsam einen ehrlichen Blick auf die Dynamik ihrer Ehe zu werfen. Destruktive Verhaltensmuster müssen durch positive Verhaltensweisen ersetzt werden, die geprägt sind von Integrität und Aufrichtigkeit. Beide einander sich ergänzenden Wege erfordern für gewöhnlich die Hilfe eines professionellen Eheberaters.

Forschungen zeigen, dass Paare, deren Beziehung die sexuelle Untreue eines Partners überlebte, sich in den meisten Fällen sowohl *individuelle* als auch *gemeinsame* Beratung einholten. Wenn Paare bereit sind, die Liebessprache des anderen zu erlernen und zu sprechen, kann das richtige emotionale Klima geschaffen werden, das für den Wiederaufbau der Ehe erforderlich ist.

13. Was kann ich tun, wenn meine Partnerin sich weigert, zu mir in meiner Sprache der Liebe zu sprechen?

„*Wir haben beide* Die fünf Sprachen der Liebe *gelesen, die Liebessprachen-Tests gemacht und unsere jeweilige Muttersprache der Liebe miteinan-*

der besprochen. Das war vor zwei Monaten. Meine Frau weiß, dass meine Sprache der Liebe Lob und Anerkennung ist. Doch in den vergangenen zwei Monaten habe ich immer noch nichts Positives von ihr gehört. Ihre Liebessprache ist Hilfsbereitschaft. Ich habe angefangen, mehrere häusliche Dinge zu erledigen, um die sie mich gebeten hat. Ich glaube, ihr gefällt das, was ich tue, aber sie sagt es mir nie.“

Lassen Sie mich Folgendes vorausschicken: Wir können unsere Partnerin nicht zwingen, unsere Liebessprache zu sprechen. Liebe ist eine freie Entscheidung. Wir können zwar um Liebe bitten, aber wir können sie nicht einfordern. Im Folgenden nenne ich einige mögliche Gründe, warum Ihre Frau nicht Ihre Liebessprache spricht:

Eventuell ist sie in einem Zuhause aufgewachsen, in dem sie nur wenige positive Worte gesagt bekommen hat. Ihre Eltern waren ihr gegenüber vielleicht äußerst kritisch. Ihr fehlen also Vorbilder, wenn es darum geht, Lob und Anerkennung auszusprechen. Ihr mag es äußerst schwerfallen, derartige Gedanken in Worte zu fassen. Das wird viel Mühe von ihr und viel Geduld von Ihnen erfordern, während Ihre Frau eine ihr vollkommen fremde Sprache lernt.

Ein zweiter möglicher Grund, warum sie Ihre Sprache der Liebe nicht spricht, könnte folgender sein: Ihre Frau befürchtet, Sie könnten zu selbstgefällig werden, wenn sie Sie für die kleinen Veränderungen, die Sie angegangen sind, gleich mit Lob überhäuft. Ihre Partnerin hat vielleicht Angst, dass Sie die großen Veränderungen, die sie sich erhofft, dann nicht mehr in Angriff nehmen. Es ist allerdings eine falsche Vorstellung, dass man durch Belohnung kleiner Anstrengungen die größeren Anstrengungen im Keim erstickt. Das ist ein weit verbreiteter Mythos, der einige Eltern sogar davon abhält, ihre Kinder zu loben. Doch jemand, dessen Muttersprache der Liebe Lob und Anerkennung ist, wird durch die lobenden Worte eines geliebten Menschen eher zu noch größerer Leistung angespornt.

Mein Vorschlag wäre, dass Sie das Liebestank-Spiel miteinander spielen, das in Kapitel 7 zu finden ist. Fragen Sie Ihre Partnerin: „Auf einer Skala von 1 bis 10 – wie voll ist dein Liebestank im

Moment?“ Wenn Ihre Partnerin unter 10 Punkte angibt, fragen Sie: „Was kann ich tun, um ihn zu füllen?“ Wie immer ihre Antwort ausfällt, erfüllen Sie ihr den Wunsch, so gut Sie können. Wenn Sie das einen Monat lang einmal die Woche fragen, ist die Wahrscheinlichkeit hoch, dass Ihre Partnerin Ihnen dieselbe Frage auch irgendwann stellen wird. Und dann können Sie *Ihre* Wünsche äußern. Das ist eine spielerische Art, Ihrer Frau beizubringen, Ihre Liebessprache zu sprechen.

14. Können liebevolle Gefühle für den Partner wiederkehren, nachdem sie 30 Jahre lang nicht vorhanden waren?

„Wir sind keine Feinde. Wir streiten uns nicht. Wir leben einfach im selben Haus wie in einer Wohngemeinschaft.“

Ich will diese Frage mit einer wahren Geschichte beantworten. Bei einem meiner Seminare kam ein Ehepaar auf mich zu. Der Mann sagte:

„Wir sind gekommen, um uns bei Ihnen dafür zu bedanken, dass Sie unserer Ehe wieder neues Leben eingehaucht haben. Wir sind seit 30 Jahren verheiratet, aber in den vergangenen 20 Jahren haben wir nicht mehr viel füreinander empfunden und nebeneinanderher gelebt. Wir haben keinen gemeinsamen Urlaub mehr gemacht, nur einfach im selben Haus gewohnt, mehr nicht. Vor einem Jahr habe ich dann einem Freund erzählt, wie sehr mir das zu schaffen machte. Er ging zu sich nach Hause, kam mit *Die Fünf Sprachen der Liebe* zurück und meinte zu mir: ‚Lies das. Das wird dir helfen.‘ Ich wollte eigentlich nicht *noch ein* Ehebuch lesen, aber ich tat ihm den Gefallen. Ich ging an dem Abend nach Hause und verschlang das ganze Buch, bis drei Uhr morgens. Mit jedem Kapitel wurde mir mehr und mehr bewusst, dass wir in all den Jahren versäumt hatten, die Liebessprache des anderen zu sprechen.

Ich gab meiner Frau das Buch und fragte, ob sie das vielleicht lesen und mir sagen könnte, was sie davon hält. Zwei Wochen später verkündete sie: ‚Ich hab’s gelesen.‘ ‚Und was denkst du?‘, fragte ich sie. ‚Ich denke, wenn wir das Buch schon vor 30 Jahren gelesen hätten, wäre unsere Ehe ganz, ganz anders verlaufen.‘

Ich erwiderte: ‚Derselbe Gedanke kam mir auch. Meinst du, es würde etwas bringen, es jetzt noch zu versuchen?' Sie antwortete: ‚Wir haben ja nichts zu verlieren.' So haben wir über unsere jeweilige Muttersprache der Liebe gesprochen und sind übereingekommen, mindestens einmal die Woche die Sprache des anderen zu sprechen und zu schauen, was passiert. Hätte mir jemand gesagt, dass ich innerhalb von zwei Monaten wieder Gefühle der Liebe für meine Frau verspüren würde, hätte ich das nie im Leben geglaubt. Aber genau das ist geschehen."

Seine Frau meldete sich zu Wort: „Hätte mir jemand gesagt, dass ich wieder Gefühle der Liebe für ihn entwickeln würde, hätte ich erwidert: ‚Nie im Leben. Dafür ist zu viel passiert.'" Dann fuhr sie fort: „Dieses Jahr haben wir unseren ersten gemeinsamen Urlaub seit 20 Jahren gemacht und hatten eine wundervolle Zeit. Wir sind mehr als 600 Kilometer gefahren, um zu Ihrem Seminar zu kommen, und wir haben die gemeinsamen Stunden genossen. Ich bin nur traurig, dass wir so viele Jahre damit verschwendet haben, einfach im selben Haus zu leben, wo wir doch eine Liebesbeziehung hätten haben können. Vielen Dank für Ihr Buch."

„Danke, dass Sie mir das erzählt haben", sagte ich. „Das finde ich sehr ermutigend. Ich hoffe, dass Sie die nächsten 20 Jahre so aufregend gestalten, dass die vergangenen 20 Jahre nur als schwache Erinnerung verbleiben."

„Genau das haben wir vor", erwiderten beide zu gleicher Zeit.

Können Gefühle der Liebe auch nach 30 Jahren noch erneuert werden? Ja, wenn beide Partner bereit sind, die Liebessprache des anderen zu erlernen und zu sprechen.

15. Ich bin Single. Inwieweit ist das Konzept von „Die fünf Sprachen der Liebe" für mich von Bedeutung?

Über die Jahre hinweg habe ich von vielen alleinstehenden Erwachsenen gehört: „Ich weiß, dass Sie das Buch ursprünglich für Ehepaare geschrieben haben. Aber ich habe es gelesen und fand es für alle meine Beziehungen hilfreich. Warum schreiben Sie nicht ein Buch über die fünf Sprachen der Liebe für Singles?" Gesagt, getan. Es heißt *Die fünf Sprachen der Liebe für Sing-*

les. In diesem Buch versuche ich erwachsenen Singles zu helfen, das Konzept der fünf Liebessprachen auf alle ihre Beziehungen anzuwenden. Es beginnt damit, dass ich ihnen verstehen helfe, warum sie sich als Kind geliebt oder nicht geliebt gefühlt haben.

Ein junger inhaftierter Mann erzählte mir: „Vielen Dank für die fünf Sprachen der Liebe. Zum ersten Mal in meinem Leben begreife ich, dass mich meine Mutter tatsächlich liebt. Meine Liebessprache ist Zärtlichkeit, doch meine Mutter hat mich nie umarmt. Die erste Umarmung von meiner Mutter, an die ich mich entsinnen kann, war am Tag meiner Inhaftierung. Aber jetzt ist mir bewusst, dass sie ganz stark die Sprache der Hilfsbereitschaft spricht. Sie hat hart gearbeitet, um uns mit Essen und Kleidung zu versorgen und uns ein Zuhause zu schaffen. Jetzt weiß ich, dass sie mich geliebt hat – sie hat die Liebe nur einfach nicht in meiner Sprache ausgedrückt."

Auch helfe ich Singles, das Konzept der fünf Liebessprachen auf ihre Beziehungen zu Geschwistern, Kollegen und auf die Partnersuche anzuwenden. Das Echo, das ich daraufhin von vielen Singles erhalten habe, hat mich stark ermutigt. Falls Sie alleinstehend sind, hoffe ich, dass auch Sie entdecken, was andere entdeckt haben: Es tut allen Beziehungen gut, wenn wir Wertschätzung und Liebe in der Muttersprache des anderen ausdrücken.

16. Wie spreche ich die Muttersprache meiner Partnerin, wenn sie eine Zeit lang aufgrund von Dienstreisen, Auslandseinsätzen, Ausbildung oder dergleichen von mir getrennt ist?

Ich werde häufig gefragt, wie man die fünf Sprachen der Liebe auf Fernbeziehungen anwenden kann. Besonders Zärtlichkeit und Zweisamkeit sind unter solchen Bedingungen eine Herausforderung. Die einfache Antwort ist: Sie müssen kreativ sein und trotz der Entfernung alles daransetzen, die Verbindung aufrechtzuerhalten.

Sollte Zärtlichkeit Ihre Liebessprache sein, habe ich einige kreative Ideen für Sie, wie Sie diese Liebessprache auch über die Entfernung hin sprechen können:

Zunächst einmal können Fotos von Ihnen beiden eine gute

Erinnerung an die Nähe sein, die Sie genossen haben. Auch persönliche Gegenstände des Partners können einen mit dem anderen verbinden. Vielleicht kann ein Kleidungsstück oder das Parfum als gute Erinnerung an den anderen dienen. Sie sollten sich auch durch E-Mails, SMS, Briefe und dergleichen darüber austauschen, wie gerne Sie mit dem anderen zusammen sind. Eventuell können Sie sogar einen Kalender nutzen, auf dem Sie konkret die Tage abhaken, die vergehen, bis Sie wieder zusammen sein können. Das ist keine umfassende Liste von Ideen, doch das alles sind Aktionen, die zumindest zum Teil Ihr Bedürfnis nach Zärtlichkeit erfüllen werden.

Was die Liebessprache der Zweisamkeit betrifft, so drückt die Zeit, die Sie damit verbringen, in Kontakt zu bleiben, sich gegenseitig zu ermutigen, einander kleine Mitteilungen und Geschenke zu senden, durchaus Zweisamkeit aus. Natürlich ist das nicht die bevorzugte Art, Zeit miteinander zu verbringen, aber es ist trotzdem gemeinsame Zeit. Sie müssen lernen, es als solche zu sehen und wertzuschätzen.

Konkreter können Sie der Sprache der Zweisamkeit Ausdruck verleihen, indem Sie öfter darüber sprechen, wie sehr Sie sich nach der Nähe des anderen sehnen und dass Sie Ihre Liebe am Leben erhalten wollen. Sie können auch gemeinsam *Die fünf Sprachen der Liebe* lesen (beziehungsweise erneut lesen), während Sie voneinander getrennt sind, und sich darüber austauschen. Oder Sie hören sich Podcasts über Beziehungen an, um dadurch Ihre Beziehung zu pflegen. Das erfordert zwar durchaus Zeit und Kraft, doch wenn Sie sich wirklich lieben, dann werden Sie diese aufbringen, um die Verbindung zum anderen aufrechtzuerhalten.

Nutzen Sie Ihre Situation auch als Gelegenheit, die anderen Liebessprachen einzuüben. Sie sollten schriftlichen Austausch und Geschenke nicht „nur“ als schriftlichen Austausch und Geschenke sehen, sondern als Bemühungen, Liebe mithilfe von materiellen Dingen und ermutigenden Worten auszudrücken.

Abschließend möchte ich sagen: Ja, geografische Distanz ist schwierig für eine Beziehung, doch sie muss nicht das Ende der Beziehung bedeuten. Natürlich, je mehr Zeit Sie miteinander verbringen können, desto besser. Und das sollten Sie letztendlich zum Ziel haben. Doch solange Sie einander hingegeben sind und die Bereitschaft besitzen, kreative Wege zu finden, die Liebessprache des anderen zu sprechen, kann Ihre Beziehung die Trennung überleben. Sie kann während dieser Zeit sogar aufblühen und gefestigter werden.

Liebessprachen-Test für Paare – für Ihn

Der Liebessprachen-Test wird Ihnen eine ausführliche Analyse Ihrer emotionalen Kommunikationsvorlieben ermöglichen. Er wird Ihre Muttersprache der Liebe zutage bringen und Ihnen zeigen, wie Sie mithilfe dieser Einsicht eine innige, erfüllende Beziehung aufbauen können. Es gibt zwei Tests, für jeden Partner einen, damit beide ihn jeweils für sich ausfüllen können.

Der Test besteht aus jeweils 30 Satzpaaren. Sie dürfen immer nur eine Aussage auswählen, die am ehesten Ihren Bedürfnissen in Ihrer Beziehung entspricht. Manchmal mag es schwerfallen, sich für eine Aussage zu entscheiden, da entweder beide oder keine von beiden so richtig Ihre Situation widerspiegelt. In dem Fall wählen Sie bitte einfach das, was vielleicht noch am ehesten auf Sie zutrifft. Nehmen Sie sich zehn bis fünfzehn Minuten Zeit für den Test. Füllen Sie ihn aus, wenn Sie ruhig und entspannt sind, und gehen Sie ihn, wenn möglich, nicht zu schnell durch. Tragen Sie am Ende Ihre Ergebnisse zusammen und werten den Test auf Seite 171/172 aus.

Es bedeutet mir eher etwas, wenn …

1
- ➤ mir meine Partnerin liebevolle Notizen/SMS/E-Mails schreibt, einfach nur so. **A**
- ➤ wenn wir uns umarmen. **E**

2
- ➤ ich Zeit mit ihr verbringen kann – nur sie und ich. **B**
- ➤ wenn sie mir praktisch unter die Arme greift. **D**

3
- ➤ sie mir ein kleines Geschenk als Liebesbeweis macht. **C**
- ➤ ich ganz ungestört in der Freizeit mit ihr etwas unternehmen kann. **B**

4
- ➤ sie ganz unerwartet etwas für mich tut, wie zum Beispiel zu tanken oder die Wäsche zu machen. **D**
- ➤ wir uns berühren. **E**

5
- ➤ sie in der Öffentlichkeit den Arm um mich legt. **E**
- ➤ sie mich mit einem Geschenk überrascht. **C**

6
- ➤ ich in ihrer Nähe bin, selbst wenn wir gar nicht viel machen. **B**
- ➤ wir „Händchen“ halten. **E**

7
- ➤ mir meine Partnerin ein Geschenk macht. **C**
- ➤ sie mir sagt, dass sie mich liebt. **A**

8
- ➤ meine Partnerin ganz dicht neben mir sitzt. **E**
- ➤ sie mir aus heiterem Himmel ein Kompliment macht. **A**

9
- ➤ ich einfach mit ihr „herumhängen“ kann. **B**
- ➤ ich unerwartet ein kleines Geschenk von ihr bekomme. **C**

10
- ➤ sie zur mir sagt, wie stolz sie auf mich ist. **A**
- ➤ sie mir bei einer Aufgabe hilft. **D**

11
- ➤ ich etwas mit ihr zusammen unternehmen kann. **B**
- ➤ sie mich aufmuntert. **A**

12
- ➤ sie mir Gefälligkeiten erweist, statt nur darüber zu reden, was sie alles Tolles vorhat. D
- ➤ sie mich in den Arm nimmt und ich mich dadurch mit ihr verbunden fühle. E

13
- ➤ sie mich lobt. A
- ➤ sie mir etwas gibt, was zeigt, dass sie wirklich an mich gedacht hat. C

14
- ➤ ich in ihrer Nähe bin. B
- ➤ sie meinen Rücken massiert. E

15
- ➤ sie positiv auf etwas reagiert, was ich gleistet habe. A
- ➤ sie etwas für mich erledigt, von dem ich weiß, dass sie es selber eigentlich nicht so gerne tut. D

16
- ➤ wir uns häufig küssen. E
- ➤ sie sich für das interessiert, was mir wichtig ist. B

17
- ➤ mir meine Partnerin bei einem Projekt mit Rat und Tat zur Seite steht. D
- ➤ sie mir ein aufregendes Geschenk gibt. C

18
- ➤ sie mein Aussehen lobt. A
- ➤ sie mir in Ruhe zuhört und wirklich meine Gefühle versteht. B

19
- ➤ wir uns in der Öffentlichkeit dezent zärtlich berühren. E
- ➤ sie mir anbietet, mir eine Erledigung abzunehmen. D

20
- sie mehr als ihren gewöhnlichen Anteil unserer gemeinsamen Verantwortungen übernimmt (im Haus, in Bezug auf Arbeiten, etc.) **D**
- ich ein Geschenk bekomme, über das sie sich viele Gedanken gemacht hat. **C**

21
- sie nicht ihr Handy oder Smartphone hervorholt, während wir miteinander reden. **B**
- sie eine große Anstrengung unternimmt, um mich zu entlasten. **D**

22
- ich mich auf einen bestimmten Feiertag freue, weil ich dann ein Geschenk von ihr bekomme. **C**
- ich die Worte von ihr höre: „Ich bin so froh, dass es dich gibt." **A**

23
- sie mir nach einer Reise ein kleines Geschenk mitbringt. **C**
- sie sich um etwas kümmert, wofür eigentlich ich zuständig bin, das ich aber im Moment nicht schaffe. **D**

24
- sie mich nicht unterbricht, wenn ich rede. **B**
- Geschenke eine wichtige Rolle in unserer Beziehung spielen. **C**

25
- meine Partnerin sieht, wenn ich nicht mehr kann, und mir sofort zur Seite steht. **D**
- wir irgendwo hingehen oder -fahren, ganz gleich wo, Hauptsache wir sind zusammen. **B**

26
➤ wir miteinander schlafen. E
➤ sie mir ein kleines Geschenk mitbringt, das sie spontan mitten im Alltag besorgt hat. C

27
➤ sie mir etwas Ermutigendes sagt. A
➤ ich eine gemeinsame Aktivität oder ein Hobby mit ihr teilen kann. B

28
➤ sie mich mit einem kleinen Zeichen ihrer Wertschätzung überrascht. C
➤ wir uns im Alltag viel berühren. E

29
➤ sie mir hilft, obwohl sie selber genug zu tun hätte. D
➤ sie mir sagt, wie sehr sie mich schätzt. A

30
➤ sie mich in die Arme schließt, nachdem wir eine Weile getrennt waren. E
➤ ich sie sagen höre, wie viel ich ihr bedeute. A

Liebessprachen-Test für Paare – für Sie

Dieser Test wird Ihnen eine ausführliche Analyse Ihrer emotionalen Kommunikationsvorlieben geben. Er wird Ihre Muttersprache der Liebe zutage bringen und Ihnen zeigen, wie Sie mithilfe dieser Einsicht eine innige, erfüllende Beziehung aufbauen können. Es gibt zwei Tests, für jeden Partner einen, damit beide ihn jeweils für sich ausfüllen können.

Der Test besteht aus jeweils 30 Satzpaaren. Sie dürfen immer nur eine Aussage auswählen, die am ehesten Ihren Bedürfnissen in Ihrer Beziehung entspricht. Manchmal mag es schwerfallen, sich für eine Aussage zu entscheiden, da entweder beide oder keine von beiden so richtig Ihre Situation widerspiegelt. In dem Fall wählen Sie bitte einfach das, was vielleicht noch am ehesten auf Sie zutrifft. Nehmen Sie sich zehn bis fünfzehn Minuten Zeit für den Test. Füllen Sie ihn aus, wenn Sie ruhig und entspannt sind, und gehen Sie ihn, wenn möglich, nicht zu schnell durch. Tragen Sie am Ende Ihre Ergebnisse zusammen und werten den Test auf Seite 171/172 aus.

Es bedeutet mir eher etwas, wenn ...

1	➤ mir mein Partner liebevolle Notizen/SMS/E-Mails schreibt, einfach nur so.	A
	➤ wenn wir uns umarmen.	E
2	➤ ich Zeit mit ihm verbringen kann – nur er und ich.	B
	➤ wenn er mir praktisch unter die Arme greift.	D

3	➤ er mir ein kleines Geschenk als Liebesbeweis macht.	C
	➤ ich ganz ungestört in der Freizeit mit ihm etwas unternehmen kann.	B
4	➤ er ganz unerwartet etwas für mich tut, wie zum Beispiel zu tanken oder die Wäsche zu machen.	D
	➤ wir uns berühren.	E
5	➤ er in der Öffentlichkeit den Arm um mich legt.	E
	➤ er mich mit einem Geschenk überrascht.	C
6	➤ ich in seiner Nähe bin, selbst wenn wir gar nicht viel machen.	B
	➤ wir „Händchen“ halten.	E
7	➤ mir mein Partner ein Geschenk macht.	C
	➤ er mir sagt, dass er mich liebt.	A
8	➤ mein Partner ganz dicht neben mir sitzt.	E
	➤ er mir aus heiterem Himmel ein Kompliment macht.	A
9	➤ ich einfach mit ihm „herumhängen“ kann.	B
	➤ ich unerwartet ein kleines Geschenk von ihm bekomme.	C
10	➤ er zur mir sagt, wie stolz er auf mich ist.	A
	➤ er mir bei einer Aufgabe hilft.	D
11	➤ ich etwas mit ihm zusammen unternehmen kann.	B
	➤ er mich aufmuntert.	A

12
- er mir Gefälligkeiten erweist, statt nur darüber zu reden, was er alles Tolles vorhat. **D**
- er mich in den Arm nimmt und ich mich dadurch mit ihm verbunden fühle. **E**

13
- er mich lobt. **A**
- er mir etwas gibt, was zeigt, dass er wirklich an mich gedacht hat. **C**

14
- ich in seiner Nähe bin. **B**
- er meinen Rücken massiert. **E**

15
- er positiv auf etwas reagiert, was ich gleistet habe. **A**
- er etwas für mich erledigt, von dem ich weiß, dass er es selbst eigentlich nicht so gerne tut. **D**

16
- wir uns häufig küssen. **E**
- er sich für das interessiert, was mir wichtig ist. **B**

17
- mir mein Partner bei einem Projekt mit Rat und Tat zur Seite steht. **D**
- er mir ein aufregendes Geschenk gibt. **C**

18
- er mein Aussehen lobt. **A**
- er mir in Ruhe zuhört und wirklich meine Gefühle versteht. **B**

19
- wir uns in der Öffentlichkeit dezent zärtlich berühren. **E**
- er mir anbietet, mir eine Erledigung abzunehmen. **D**

20

- ➤ er mehr als seinen gewöhnlichen Anteil unserer gemeinsamen Verantwortungen übernimmt [im Haus, in Bezug auf Arbeiten, etc.] **D**
- ➤ ich ein Geschenk bekomme, über das er sich viele Gedanken gemacht hat. **C**

21

- ➤ er nicht sein Handy oder Smartphone hervorholt, während wir miteinander reden. **B**
- ➤ er eine große Anstrengung unternimmt, um mich zu entlasten. **D**

22

- ➤ ich mich auf einen bestimmten Feiertag freue, weil ich dann ein Geschenk von ihm bekomme. **C**
- ➤ ich die Worte von ihm höre: „Ich bin so froh, dass es dich gibt.“ **A**

23

- ➤ er mir nach einer Reise ein kleines Geschenk mitbringt. **C**
- ➤ er sich um etwas kümmert, wofür eigentlich ich zuständig bin, das ich aber im Moment nicht schaffe. **D**

24

- ➤ er mich nicht unterbricht, wenn ich rede. **B**
- ➤ Geschenke eine wichtige Rolle in unserer Beziehung spielen. **C**

25

- ➤ mein Partner sieht, wenn ich nicht mehr kann, und mir sofort zur Seite steht. **D**
- ➤ wir irgendwo hingehen oder -fahren, ganz gleich wo, Hauptsache wir sind zusammen. **B**

26
➤ wir miteinander schlafen. E
➤ er mir ein kleines Geschenk mitbringt, das er spontan mitten im Alltag besorgt hat. C

27
➤ er mir etwas Ermutigendes sagt. A
➤ ich eine gemeinsame Aktivität oder ein Hobby mit ihm teilen kann. B

28
➤ er mich mit einem kleinen Zeichen seiner Wertschätzung überrascht. C
➤ wir uns im Alltag viel berühren. E

29
➤ er mir hilft, obwohl er selber genug zu tun hätte. D
➤ er mir sagt, wie sehr er mich schätzt. A

30
➤ er mich in die Arme schließt, nachdem wir eine Weile getrennt waren. E
➤ ich ihn sagen höre, wie viel ich ihm bedeute. A

Zählen Sie die Buchstaben, die Sie markiert haben. Schreiben Sie die Ergebnisse hier auf:

A:______ **B:**______ **C:**______ **D:**______
E:______

A = Lob und Anerkennung
B = Zweisamkeit
C = Geschenke
D = Hilfsbereitschaft
E = Zärtlichkeiten

Auswertung der Test-Ergebnisse

Die Liebessprache mit der höchsten Punktzahl (maximal 12) ist Ihre persönliche Muttersprache der Liebe. Ergibt sich Punktgleichheit für zwei Sprachen, sind Sie eben „zweisprachig“. Und liegen die Punktzahlen dicht beieinander, bedeuten Ihnen beide Sprachen etwa gleich viel.

Niedrige Punktzahlen zeigen, welche Sprachen Sie wenig benutzen, um Liebe zu vermitteln, und welche Sie vermutlich auf emotionaler Ebene wenig ansprechen.

Nicht vergessen

Vielleicht ist das Ergebnis eindeutig und eine Sprache sticht hervor. Dann sollten Sie aber die anderen nicht gering achten. Vielleicht ist gerade die Liebessprache Ihrer Frau darunter! Und schon deshalb sollten Sie sich auch mit diesen „Fremdsprachen“ befassen, denn so verstehen Sie Ihre Frau viel besser.

Auch die Partnerin sollte Ihre Liebessprache kennen, denn davon profitieren Sie beide. Wenn Sie und Ihre Frau miteinander Ihre Liebessprachen sprechen, tut dies Ihrer Ehe sehr gut. Die zwischenmenschliche Bindung wird gestärkt, die Kommunikation gelingt besser und Verständnis füreinander wird geweckt. Schließlich stellt sich auch wieder die Romantik ein, die Sie so lange vermisst haben.

Ermutigen Sie Ihre Frau oder Partnerin, den Liebessprachen-Test zu machen, falls sie es noch nicht getan hat. Tauschen Sie hinterher Ihre Ergebnisse und Gedanken dazu aus und nutzen Sie die neuen Erkenntnisse, um Ihre Beziehung positiv zu verändern!

Danksagung

Ich bin allen Männern, die mir über die Jahre hinweg ihr Herz geöffnet haben, zu tiefem Dank verpflichtet. Einige haben meine Beratung in Anspruch genommen, andere habe ich auf Eheseminaren im ganzen Land kennengelernt. Es sind aufrichtige Männer gewesen, die ihre Ehen gerne verbessern wollten, doch nicht wussten, wie. Es war mir eine Ehre, sie auf ihrem Weg hin zu einer blühenden Ehe ein Stück weit begleiten zu dürfen.

An dieser überarbeiteten Ausgabe haben Randy Southern und Chris Hudson mitgewirkt, für deren Hilfe ich äußerst dankbar bin. Wie immer geht auch ein herzliches Dankeschön an das Team von Northfield Publishing: John Hinkley, Betsey Newenhuyse und Zack Williamson.

Unsere Buchtipps für Sie

Gary Chapman
Die fünf Sprachen der Liebe für Wenigleser
ISBN 978-3-86827-347-2
64 Seiten, gebunden

Immer wieder schicken Sie kleine Liebesbeweise auf die Reise und nie kommt einer so richtig bei Ihrer Partnerin an? Kann gut sein – viele Wege führen nach Rom, doch nur fünf zum Herzen des anderen. Hinein schafft es schließlich nur noch einer. Welcher könnte das in Ihrem Fall sein?

Für alle, die kompakte Informationen schätzen, wird jede der fünf Liebessprachen kurz vorgestellt und durch eine Fülle origineller Cartoons hundertprozentig unverwechselbar gemacht. (Wäre ja auch zu schade, wenn man die Zeit für ein Candlelight-Dinner opfert und sie eigentlich schon mit einem Küsschen zufrieden gewesen wäre ...)

W. Lee Warren
Entscheidungen an der Schwelle des Todes
Ein Gehirnchirurg zwischen Glaube, Zweifel und Hoffnung
ISBN 978-3-96362-355-4
378 Seiten, Paperback

Dr. W. Lee Warren ist ein weltweit anerkannter Neurochirurg – und überzeugter Christ. In dieser spannenden Autobiografie erzählt er, wie er alles daran setzt, seinen Patienten nicht nur eine exzellente Behandlung zukommen zu lassen, sondern sie ganzheitlich zu begleiten. Dabei ist es sein Glaube, der ihm immer wieder neu die Kraft gibt, Patienten und Angehörige mit oft schweren Diagnosen zu konfrontieren, sie auf komplizierte Operationen vorzubereiten und Entscheidungen an der Schwelle des Todes zu treffen. Mit Patienten zu beten, für die eigentlich keine Hoffnung mehr besteht, ist für ihn kein Widerspruch.

Doch dann wird das Gottvertrauen des gefeierten Gehirnchirurgen durch einen Schicksalsschlag in seiner Familie noch einmal ganz anders auf die Probe gestellt. Kann ihm sein Glaube auch jetzt noch Halt und Hoffnung geben?